工程施工安全必读系列

公 路 工 程

张建边 主编

中国铁道出版社

2012年·北 京

内容提要

本书以问答的形式介绍了道路工程、桥涵工程、隧道工程、公路养护工程的施工安全技术，做到了技术内容最新、最实用，文字通俗易懂，语言生动，并辅以直观的图表，能满足不同文化层次的技术工人和读者的需要。

图书在版编目(CIP)数据

公路工程/张建边主编．—北京：中国铁道出版社，2012.5
(工程施工安全必读系列)
ISBN 978-7-113-13798-4

Ⅰ.①公… Ⅱ.①张… Ⅲ.①道路工程－工程施工－安全技术－问题解答 Ⅳ.①U415.12-44

中国版本图书馆CIP数据核字(2011)第223746号

书　　名：工程施工安全必读系列
　　　　　公路工程
作　　者：张建边

策划编辑：江新锡
责任编辑：曹艳芳　陈小刚　电话：010－51873193
封面设计：郑春鹏
责任校对：胡明锋
责任印制：郭向伟

出版发行：中国铁道出版社(100054，北京市西城区右安门西街8号)
网　　址：http://www.tdpress.com
印　　刷：北京市燕鑫印刷有限公司
版　　次：2012年5月第1版　2012年5月第1次印刷
开　　本：850mm×1168mm　1/32　印张：3.75　字数：101千
书　　号：ISBN 978-7-113-13798-4
定　　价：10.50元

工程施工安全必读系列
编写委员会

前言

建设工程安全生产工作不仅直接关系到人民群众生命和财产安全，而且关系到经济建设持续、快速、健康发展，更关系到社会的稳定。如何保证建设工程安全生产，避免或减少安全事故，保护从业人员的安全和健康，是工程建设领域急需解决的重要课题。从我国建设工程生产安全事故来看，事故的根源在于广大从业人员缺乏安全技术与安全管理的知识和能力，未进行系统的安全技术与安全管理教育和培训。为此，国家建设主管部门和地方先后颁布了一系列建设工程安全生产管理的法律、法规和规范标准，以加强建设工程参与各方的安全责任，强化建设工程安全生产监督管理，提高我国建设工程安全水平。

为满足建设工程从业人员对专业技术、业务知识的需求，我们组织有关方面的专家，在深入调查的基础上，以建设工程安全员为主要对象，编写了工程施工安全必读系列丛书。

本丛书共包括以下几个分册：

- **《建筑工程》**
- **《安装工程》**
- **《公路工程》**

《公路工程》

《市政工程》

《园林工程》

《装饰装修工程》

《铁路工程》

本丛书依据国家现行的工程安全生产法律法规和相关规范规程编写，总结了建筑施工企业的安全生产管理经验，此外本书集建筑施工安全管理技术、安全管理资料于一身，通过大量的图示、图表和翔实的文字，使本书图文并茂，具有实用性、科学性和指导性。本书完全按照新标准、新规范的要求编写，以利于施工现场管理人员随时学习及查阅。

本书对提高施工现场安全管理水平、人员素质，突出施工现场安全检查要点，完善安全保障体系，具有较强的指导意义。该书是一本内容实用、针对性强、使用方便的安全生产管理工具书。

编者

2012 年 3 月

目录

第一章　道路工程施工安全

第二章 桥涵工程施工安全

第三章　隧道工程施工安全

第四章　公路养护施工安全

第一章 道路工程施工安全

怎样才能保障路基工程场地的安全？

(1)砍伐树木。

1)伐树前，应将周围有碍砍伐作业的灌木和藤条砍除，并选好安全躲避的退路。

2)伐树范围内应布置警戒，非工作人员不得逗留、接近。

3)为使树木按预定方向 cm 倾倒，要在树木下部倒树方向砍一剁口，其深度为树干直径的 1/4，然后再从剁口上边缘的对面开锯，最后应留 2～3 cm 安全距离。

4)在陡坡悬岩处砍伐树木，应有防止树木伐倒后顺坡溜滑和撞落石块伤人的安全措施；在山坡上严禁在同一地段的上下同时作业。

5)截锯木料时，三叉马和树干垫撑必须稳固。

6)大风、大雾和雨天不得进行伐树作业。

7)消除的丛草、树木严禁放火焚烧，以防引起火灾。

(2)拆除建(构)筑物。

拆除建(构)筑物前，应制订安全可靠的拆除方案。先将与拆除物有连通的电线、水、气管道切断，并在四周危险区域内围设安全护栏，非工作人员不得进入。拆除工序应由上而下，先外后里，严禁数层同时作业。操作人员应站在脚手架或稳固的结构部位上作业。对有倒坍危险的结构物应予临时支撑加固。拆除某部位时要防止其他部位发生坍塌。拆除梁柱之前应先拆除其承托的全部结构物，严禁采用掏空、挖切和大面积推倒的拆除方法。

当采用控爆法拆除大型建(构)筑物时，必须有经批准的控制爆破设计文件。

(3)消除淤泥。

清除淤泥时，应先排除积水，并制订出相应的安全措施后方可清淤。

怎样才能保障人工挖掘土方的安全？

(1)开挖土方的操作人员之间，必须保持足够的安全距离：横向间距不小于 2 m，纵向间距不小于 3 m。

(2)土方开挖必须自上而下顺序放坡进行，严禁采用挖空底脚的操作方法。

(3)在靠近建筑物、设备基础、电杆及各种脚手架附近挖土时，必须采取安全防护措施。

(4)高陡边坡处施工必须遵守下列规定。

1)作业人员必须绑系安全带。

2)边坡开挖中如遇地下水涌出，应先排水，后开挖。

3)开挖工作应与装运作业面相互错开，严禁上、下双重作业。

4)弃土下方和有滚石危及范围内的道路，应设警告标志，作业时坡下严禁通行。

5)坡面上的操作人员对松动的土、石块必须及时清除，严禁在危石下方作业、休息和存放机具。

(5)设有支挡工程的地质不良地段，在考虑分段开挖的同时，应分段修建支挡工程。

(6)施工中如发现山体有滑动、崩坍迹象危及施工安全时，应暂停施工，撤出人员和机具，并报上级处理。

(7)滑坡地段的开挖，应从滑坡体两侧向中部自上而下进行，严禁全面拉槽开挖，弃土不得堆在主滑区内。开挖挡墙基槽也应从滑坡体两侧向中部分段跳槽进行，并加强支撑，及时砌筑和回填墙背，施工中应设专人观察，严防坍方。

(8)在落石与岩堆地段施工，应先清理危石和设置拦截设施后再行开挖。其开挖面坡度应按设计进行，坡面上松动石块应边挖边清除。

(9)岩溶地区施工，应认真处理岩溶水的涌出，以免导致突发性的坍陷。泥沼地段施工，应有必要的防范措施，避免人、机下陷。挖出的废土应堆置在合适的地方，以防汛期造成人为的泥石流。

怎样才能保障路基工程中运土的安全？

(1)采用人工挑、抬、运土，应检查箩筐、土箕、抬扛、扁担、绳索等的牢固程度。

(2)会车时应轻车让重车。通过窄路、十字路口、交通繁忙地段及转弯时，应注意来往行人及车辆。重车运行，前后两车间距必须大于5 m；下坡时，间距不小于10 m，并严禁车上乘人。车道应有专人维修，悬崖陡壁处应设防护栏杆。

(3)轨道翻斗车运土时，轨道应铺设平顺，防止死弯，坡度不应大于3%。双线的净间距不得小于1 m，平交道两侧的轨道应设长度不小于20 m的直线，卸车地段应有10～15 m的反坡，并在尽头设车挡。

操作时必须遵守下列规定。

1)斗车及制动装置必须完好，装车前应先插牢锁销；装车不得超载、偏载。

2)车辆宜在平道上装土，如在坡道上装土时，必须在下坡方向车轮下加楔，以防车辆滑溜。

3)推车人员必须掌好车闸，车速不宜过快，前方有人时应鸣号示意避让；多车同行时，前后间距不得小于20 m。

4)卸土时，在下方的作业人员应避开，并应防止车辆倾覆，严禁在行走中卸土，卸土后应将锁销插好。

5)数车同时卸土，应设专人指挥，两车间距不得小于2 m，其间严禁站人。

怎样才能保障挖掘机施工安全？

(1)发动机启动后，铲斗内、臂杆、履带和机棚上严禁站人。

(2)工作位置必须平坦稳固。工作前履带应制动，轮胎式挖掘机应顶好支腿，车身方向应与挖掘工作面延伸方向一致，操作时进铲不应过深，提斗不得过猛。

(3)在高陡的工作面上挖掘夹有石块的土方时，应将较大的石块和杂物除掉。如果土体挖成悬空状态而不能自然塌落时，则需用人工处理，严禁用铲斗将悬空土方砸下。

(4)对吊杆顶端的滑轮和钢丝绳进行保养、检修拆换时，应将铲斗和吊杆放落地面，然后再进行维修。

(5)严禁铲斗从运土车的驾驶室顶上越过。向运土车辆卸土时，应降低铲斗高度，防止偏载或砸坏车厢。铲斗运转范围内，严禁站人。

怎样才能保障推土机施工安全？

(1)推土机上下坡时，其坡度不得大于 30°；在横坡上作业，其横坡度不得大于 10°。下坡时，宜采用后退下行，严禁空挡滑行，必要时可放下刀片作辅助制动。

(2)在陡坡、高坎上作业时，必须有专人指挥，严禁铲刀超出边坡的边缘。送土先换成倒车挡后再提铲刀倒车。

(3)在垂直边坡的沟槽作业，其沟槽深度，对大型推土机不得超过 2 m，对小型不得超过 1.5 m。推土机刀片不得推坡壁上高于机身的孤石或大土块。

(4)推土机在摘卸推土刀片时，必须考虑下次挂装的方便。摘刀片时辅助人员机密切配合，抽穿钢丝绳时应带帆布手套，严禁将眼睛挨近绳孔窥视。

(5)多机在同一作业面作业时，前后两机相距不应小于 8 m，左右相距应大于两台或两台以上推土机并排推土时，两推土机刀片之间应保持 20～30 cm m 推土前进必须以相同速度直线行驶；后退时，应分先后，防止互相碰撞。

(6)用推土机伐除大树或清除残墙断壁时，应提高着力点，防止其上部反向拖式铲运机。

(7)作业前应先将运行道路刮平，其宽度应大于机身宽约 2 m。

怎样才能保障拖式铲运机施工安全？

(1)作业前应先将运行道路刮平，其宽度应大于机身宽约 2 m。

(2)行驶中严禁把铲斗和斗门提升到最高点，以免在转弯时将钢丝绳崩断；下坡时应放下铲运机斗作辅助制动，严禁空挡滑行。

(3)铲斗与机身不正时不得铲土；在开始铲土和提斗时，动作要缓慢；驾驶员离开机车时，应将变速杆放在空挡，关闭发动机，将铲斗放落在地面。

(4)在新填的土堤上作业，应离开土堤边沿 1 m 以上；靠路堤边沿填土时，必须保持外侧高内侧低和纵向基本平顺，卸土时铲斗应放低，防止铲运机滑下。

(5)多台铲运机作业，前后净距不得小于 10 m，左右净距不得小于 2 m；两机会车应减速慢行。

(6)清除铲斗内积土时，必须先把铲斗牢固支起，推土板恢复常位后，人员才能进入铲斗内清除积土。

(7)长距离托运，必须用挂钩将铲斗挂牢，解除钢丝绳负荷。

怎样才能保障自行式铲运机施工安全？

(1)自行式铲运机的行车道必须平整坚实，单行道的宽度不应小于 4.5 m(或车宽的 1.5 倍)，超、会车时，两车净距不得小于 1 m。

(2)多台机械在工地纵队行驶时，前后间距不得小于 20 m。

(3)在作业过程中发现后主离合器制动不灵，机械有异声、警报器发声时，应立即停车检修。

(4)严禁在大于 15°的横坡上行驶，不应在陡坡上进行危险性作业。

怎样才能保障平地机施工安全？

(1)在公路上行驶时，应遵守道路交通规则，刮刀和松土器应提起，刮刀不得伸出机侧，速度不得超过 20 km/h。夜间不宜作业。

(2)刮刀的回转与铲土角的调整以及向机外倾斜都必须在停机时进行。作业中刮刀升降量差不得过大。

(3)遇到坚硬土质需要齿耙翻松时，应缓慢下齿。不宜使用齿耙翻松坚硬的旧路面。

(4)在坡道停放时，应使车头向下坡方向，并将刀片或松土器压入土中。

怎样才能保障装载机施工安全?

(1)起步前应将铲斗提升到离地面 0.5 m 左右。作业时应使用低速挡。用高速挡行驶时，不得进行升降和翻转铲斗。严禁铲斗载人。

(2)行驶道路应平坦，不得在倾斜度超过规定的场地上作业，运送距离不宜过大。铲斗满载运送时，铲斗应保持在低位。

(3)在松散不平的场地作业，可将铲臂放在浮动位置，使铲斗平稳地推进。如推进阻力过大，可稍稍提升铲臂，装料时铲斗应从正面低速插入，防止铲斗单边受力。

(4)向运输车辆上卸土时应缓慢，铲斗应处在合适的高度，前翻和回位不得碰撞车厢。

(5)应经常注意机件运转声响，发现异响应立即停车排除故障。当发动机不能运转需要牵引时，应使各转向油缸能自由动作。

怎样才能保障载重汽车施工安全?

(1)必须按规定吨位装载，不得超载、超高，不得人、货混载，驾驶室内不得超额坐人。

(2)车辆装土场地必须平整坚实，当用机械装土时，汽车就位后应拉紧手闸，装载均匀，不得偏载。

(3)在陡坡、高坡、坑边或填方边坡处卸土时，停卸地点必须平整坚实，地面宜有反坡，与边缘必须保持安全距离；在危险地段卸土，应有专人指挥。

(4)公路上行驶必须遵守道路交通规则；运载易燃、易爆等危险物品时，应遵守有关规定，除必要的随车人员外，不得搭乘其他人员。

怎样才能保障自卸汽车施工安全？

(1)发动机启动后应检查起翻装置，确保良好；严禁在驾驶室外进行操作，翻斗内严禁载人。

(2)当装载高度超过车厢栏板时，应平稳行驶，不得猛力加速，也不得紧急制动。

(3)卸料起斗时，应检视上空有无电线，防止刮断。

怎样才能保障轮式拖拉机施工安全？

(1)拖拉机和拖斗之间严禁站人。

(2)作业时不得在陡坡上转弯、倒车或停车。通行道路的纵坡不得超过20°，横坡不得超过6°。

(3)作业时严禁向驾驶员传递物品，驾驶室内不得超员坐人。

(4)在斜坡横向卸土时，严禁倒退。坡度较大、车身左右偏斜过甚时，不得卸土。

怎样才能保障压路机施工安全？

(1)必须在压路机前后、左右无障碍物和人员时才能启动。

(2)变换压路机前进后退方向应待滚轮停止后进行。严禁利用换向离合器作制动用。

(3)压路机靠近路堤边缘作业时，应根据路堤高度留有必要的安全距离。碾压傍山道路时，必须由里侧向外侧碾压。上坡时变速应在制动后进行，下坡时严禁脱挡滑行。

(4)两台以上压路机同时作业，其前后间距不得小于 3 m；在坡道上纵队行驶时，其间距不得小于 20 m。

(5)振动压路机应遵守下列规定。

1)起振和停振必须在压路机行走时进行；在坚硬路面行走，严禁振动。

2)碾压松软路基，应先在不振动情况下碾压 1～2 遍，然后再振动碾压。

3)换向离合器、起振离合器和制动器的调整，必须在主离合器脱开后进行，不得在急转弯时用快速挡；严禁在尚未起振情况下调节振动频率。

怎样才能保障起爆器材的加工安全?

(1)起爆器材加工，应在专用的房间或指定的安全地点进行，不应在爆破器材存放间、住宅和爆破作业地点加工。

(2)加工起爆管和信号管，应在带有安全防护罩，铺有软垫并带有凸缘的工作台上操作。每个工作台上存放的雷管不得超过 100 发，且应放在带盖的木盒里，操作者手中只允许拿一发雷管。

(3)切割导火索或导爆管应使用锋利刀具在木板上进行。每盘导火索或每卷导爆管，两端均应切除不小于 5 cm。

(4)雷管内有杂物时，不应用工具掏或用嘴吹，应用手指轻轻地弹出杂物；杂物弹不出的雷管不应使用。

(5)将导火索和导爆管插入雷管时，不应旋转摩擦，金属壳雷管应采用安全紧口钳紧口，纸壳雷管应采用胶布捆扎牢固或附加金属箍圈后用安全紧口钳紧口。

(6)加工好的起爆管与信号管应分开存放，信号管应制作标记。

(7)加工起爆药包和起爆药柱，应在指定的安全地点进行，加工数量不应超过当班爆破作业用量。

怎样才能保障爆破器材运输的安全?

(1)购买爆破器材的单位,应凭有效的爆破器材供销合同和申请表,向公安机关申领"爆炸物品运输证"。跨省、自治区、直辖市运输的向运达地区的市级人民政府公安机关申请;在本省、自治区、直辖市内运输的向运达地县级人民政府公安机关申请。凭证在有效期间内,按指定线路运输。

(2)爆破器材运达目的地后,收货单位应指派专人领取,认真检查爆破器材的包装、数量和质量;如果包装破损、数量与质量不符,应立即报告有关部门和当地县(市)公安局,并在有关代表参加下编制报告书,分送有关部门。

(3)不应用翻斗车、自卸汽车、拖车、自行车、摩托车和畜力车运输爆破器材。

(4)爆破器材运输车(船)应符合以下技术要求。

1)符合国家有关运输安全的技术要求。

2)结构可靠,机械电器性能良好。

3)具有防盗、防火、防热、防雨、防潮和防静电等安全性能。

(5)装卸爆破器材,应遵守下列规定。

1)认真检查运输工具的完好状况,清除运输工具内一切杂物。

2)有专人在场监督。

3)设置警卫,无关人员不允许在场。

4)爆破器材和其他货物不应混装。

5)雷管等起爆器材,不应与炸药在同时同地进行装卸。

6)遇暴风雨或雷雨时,不应装卸爆破器材。

7)装卸爆破器材的地点,应远离人口稠密区,并设明显的标志,白天应悬挂红旗和警标,夜晚应有足够的照明并悬挂红灯。

8)装卸搬运应轻拿轻放,装好、码平、卡牢、捆紧,不得摩擦、撞击、抛掷、翻滚、侧置及倒置爆破器材。

9)装载爆破器材应做到不超高、不超宽、不超载。

10)用起重机装卸爆破器材时，一次起吊重量不应超过设备能力的50%。

11)分层装载爆破器材时，不应站在下层箱(袋)上装载另一层，雷管或硝化甘油类炸药分层装载时不应超过二层。

(6)爆破器材从生产厂运出或从总库向分库运送时，包装箱(袋)及铅封应保持完整无损。

(7)同车(船)运输两种以上的爆破器材时，应遵守表1—1的规定。

表1—1　扣件拧紧抽样检查数目及质量判定标准

序号	检查项目	安装扣件数量(个)	抽检数量(个)	允许的不合格数
1	连接立杆与纵(横)向水平杆或剪刀撑的扣件，接长立杆、纵杆水平杆或剪刀撑的扣件	51～90	5	0
		91～150	8	1
		151～280	13	1
		281～500	20	2
		501～1200	32	3
		1201～3200	50	5
2	连接横向水平杆与纵向水平杆的扣件(非主节点处)	51～90	5	1
		91～150	8	2
		151～280	13	3
		281～500	20	5
		501～1200	32	7
		1201～3200	50	10

(8)在特殊情况下，经爆破工作领导人批准，起爆器材与炸药可以同车(船)装运，但其数量不应超过：炸药1000 kg、雷管1000发、导爆索2000 m、导火索2000 m。雷管应装在专用的保险箱里，箱子内壁应衬有软垫，箱子应紧固于运输工具的前炸药箱(袋)不应放在装雷管的保险箱上。

(9)待运雷管箱未装满雷管时，其空隙部分应用不产生静电的柔软材料塞满。

(10)装卸和运输爆破器材时,不应携带烟火和发火物品。

(11)装运爆破器材的车(船),在行驶途中应遵守下列规定。

1)押运人员应熟悉所运爆破器材性能。

2)非押运人员不应乘坐。

3)按指定路线行驶。

4)车(船)用帆布覆盖,并设明显的标志。

5)不准在人员聚集的地点、交叉路口、桥梁上(下)及火源附近停留;中途停留时,应有专人看管,不准吸烟、用火,开车(船)前应检查码放和捆绑有无异常。

6)气温低于 10℃时运输易冻的硝化甘油炸药,或气温低于 −15℃时运输难冻的硝化甘油炸药时,应采取防冻措施。

7)运输硝化甘油类炸药或雷管等感度高的爆破器材时,车厢和船舱底部应铺软垫。

8)车(船)完成运输后应打扫干净,清出的药粉、药渣应运至指定地点,定期进行销毁。

(12)个人不应随身携带爆破器材搭乘公共交通工具,不允许在托运行李及邮寄包裹中夹带爆破器材。

怎样才能保障铁路运输爆破器材的安全?

铁路运输爆破器材,除执行铁道部门有关规定外,还应遵守下列规定。

(1)装有爆破器材的车厢不应溜放。

(2)装有爆破器材的车辆,应专线停放,与其他线路隔开,通往该线路的转辙器应锁住,车辆应锲牢,其前后 50 m 处应设危险标志;机车停放位置与最近的爆破器材库房的距离,不应小于 50 m。

(3)装有爆破器材的车厢与机车之间,炸药车厢与起爆器材车厢之间,应用一节以上未装有爆破器材的车厢隔开。

(4)车辆运行的速度,在矿区内不应超过 30 km/h、厂区内不超过 15 km/h、库区内不超过 10 km/h。

怎样才能保障水路运输爆破器材的安全？

(1)水路运输爆破器材，应遵守下列规定。

1)不应用筏类工具运输爆破器材。

2)船上有足够的消防器材。

3)船头和船尾设危险标志，夜间及雾天设红色安全灯。

4)遇浓雾及大风浪应停航。

5)停泊地点距岸上建筑物不小于 250 m。

(2)运输爆破器材的机动船，应符合下列条件。

1)装爆破器材的船舱不应有电源。

2)底板和舱壁应无缝隙，舱口应关严。

3)与机舱相邻的船舱隔墙，应采取隔热措施。

4)对邻近的蒸汽管路进行可靠的隔热。

怎样才能保障道路运输爆破器材的安全？

(1)用汽车运输爆破器材，应遵守下列规定。

1)车厢的黑色金属部分应用木板或胶皮衬垫(用木箱或纸箱包装者除外)，汽车排气管宜设在车前下侧，并应使用隔热和熄灭火星的装置。

2)出车前，车库主任(或队长)应认真检查车辆状况，并在出车单上注明“该车检查合格，准许运输爆破器材”。

3)由熟悉爆破器材性能，具有安全驾驶经验的司机驾驶。

4)汽车行驶速度：能见度良好时应符合所行驶道路规定的车速下限，在扬尘、起雾、大雨、暴风雪天气时速度酌减。

5)在平坦道路上行驶时，前后两部汽车距离不应小于 50 m，上山或下山不小于 300 m。

6)遇有雷雨时，车辆应停在远离建筑物的空旷地方。

7)在雨天或冰雪路面上行驶时，应采取防滑安全措施。

8)车上应配备灭火器材，并按规定配挂明显的危险标志。

9)在高速公路上运输爆破器材，应按国家有关规定执行。

(2)公路运输爆破器材途中避免停留住宿,禁止在居民点、行人稠密的闹市区、名胜古迹、风景游览区、重要建筑设施等附近停留。如果确实需要停留住宿,必须报告投宿地公安机关。

怎样才能保障爆破器材贮存的安全?

(1)爆破器材应贮存在专用的爆破器材库里,特殊情况下,应经主管部门审核并报当地县(市)公安机关批准,方准在库外存放。

(2)贮存爆破器材的单位设置爆破器材库,应报主管部门批准,并报当地县(市)公安机关审查同意,方可建库;库房建成并经验收合格发给"爆破器材贮存许可证"后,方准贮存爆破器材。任何单位和个人不应非法贮存爆破器材。

(3)爆破器材库,应符合以下条件。

1)符合国家有关安全规范。

2)配备符合要求的专职守卫人员和保管员。

3)有较完善的防盗报警设施。

4)具有健全的安全管理制度。

(4)爆破器材库的贮存量,应遵守下列规定。

1)地面库单一库房的最大允许存药量,不应超过表1－2的规定。

表1－2　地面库单一库房的最大允许存药量

序号	爆破器材名称	单一库房最大允许存药量(t)
1	硝化甘油炸药	2
2	黑索金	50.
3	太安	50
4	梯恩梯	150
5	黑梯药柱、起爆药柱	50
6	硝铵类炸药	200

续上表

序号	爆破器材名称	单一库房最大允许存药量(t)
7	射孔弹	3
8	爆炸筒	15
9	导爆索	30
10	黑火药、无烟火药	10
11	导火索、点火索、点火筒	40
12	雷管、继爆管、高压油井雷管、导爆管起爆系统	10
13	硝酸铵、硝酸钠	500

2)地面总库的总容量:炸药不应超过本单位半年生产用量,起爆器材不应超过一年生产用量。地面分库的总容量:炸药不应超过3个月生产用量,起爆器材不应超过半年生产用量。

3)硐室式库的最大容量不应超过 100 t。

4)井下只准建分库,库容量不应超过:炸药 3 昼夜的生产用量、起爆器材 10 昼夜的生产用量。

5)乡、镇所属以及个体经营的矿场、采石场及岩土工程等使用单位,其集中管理的小型爆破器材库的最大贮存量应不超过 1 个月的用量,并应不大于表 1－3 中的相关规定。

表 1－3　小型爆破器材库的最大贮存量

库房名称	单　位	最大贮存量
硝铵类炸药	kg	3000
硝化甘油炸药	kg	500
雷管	发	20000
导火索	m	30000
导爆索	m	30000
塑料导爆索	m	60000

(5)爆破器材宜采取单一品种专库存放的办法。若受条件限制，同库存放不同品种的爆破器材则应符合表 1—4 中的相关规定。

表 1—4 爆破器材同库存放的规定

爆破器材名称	雷管类	黑火药	导火索	硝铵类炸药	属 A_1 级单质炸药类	属 A_2 级单质炸药类	射孔弹类	导爆索类
雷管类	○	×	×	×	×	×	×	×
黑火药	×	○	×	×	×	×	×	×
导火索	×	×	○	○	○	○	○	○
硝铵类炸药	×	×	○	○	○	○	○	○
属 A_1 级单质炸药类	×	×	○	○	○	○	○	○
属 A_2 级单质炸药类	×	×	○	○	○	○	○	○
射孔弹类	×	×	○	○	○	○	○	○
导爆索类	×	×	○	○	○	○	○	○

注：1. ○表示可同库存放，×表示不应同库存放。

2. 雷管类包括火雷管、电雷管、导爆管雷管。

3. 属 A_1 级单质炸药类为黑索金、太安、奥克托金和以上述单质炸药为主要成分的混合炸药或炸药柱(块)。

4. 属 A_2 级单质炸药类为梯恩梯和苦味酸及以梯恩梯为主要成分的混合炸药或炸药柱(块)。

5. 导爆索类包括各种导爆索和以导爆索为主要成分的产品，包括继爆管和爆裂管。

6. 硝铵类炸药，包括以硝酸铵为主要组分的各种民用炸药。

(6)当不同品种的爆破器材同库存放时，单库允许的最大存药量仍应符合表 1—2 的规定；当危险级别相同的爆破器材同库存放时，同库存放的总药量不应超过其中一个品种的单库最大允许存药量；当危险级别不同的爆破器材同库存放时，同库存放的总药量不应超过危险级别最高的品种的单库最大允许存药量。

(7)库房建立后，任何单位不应在爆破器材库的危险区域内修建任何建(构)筑物。

怎样才能保障爆破器材的收发与库房的安全?

(1)每间库房贮存爆破器材的数量,不应超过库房设计的允许贮存药量。

(2)爆破器材的贮存,应遵守下列规定。

1)爆破器材应码放整齐、稳当,不得倾斜。

2)爆破器材包装箱下,应垫有大于0.1 m高度的垫木。

3)爆破器材的码放,宜有0.6 m以上宽度的安全通道。爆破器材包装箱与墙距离宜大于0.4 m。

4)爆破器材的码放高度,不宜超过1.6 m。

5)存放硝化甘油类炸药、各种雷管箱和继爆管的箱(袋),应放置在木质货架上,货架高度不宜超过1.6 m,架上的硝化甘油类炸药和各种雷管箱不应叠放。

(3)库房应整洁,防潮和通风应良好,杜绝鼠害。

(4)进入库区不应带烟火及其他引火物。

(5)进入库区不应穿带钉鞋和易产生静电的衣服,不应使用能产生火花的工具开启炸药雷管箱。

(6)库区的消防设备、通讯设备、警报装置和防雷装置,应定期检查。

(7)库区应昼夜设警卫,加强巡逻,无关人员不应进入库区。

(8)爆破器材库房的管理,应建立健全严格的责任制度、治安保卫制度、防火制度、保密制度等,宜分区分库分品种贮存,分类管理。

(9)库区不应存放与管理无关的工具和杂物。

(10)爆破器材的收发应遵守下列规定。

1)对新购进的爆破器材,应逐个检查包装情况,并按规定做性能检测。

2)应建立爆破器材收发账、领取和清退制度,定期核对账目,做到账物相符。

3)变质的、过期的和性能不详的爆破器材,不应发放使用。

4)爆破器材应按出厂时间和有效期的先后顺序发放使用。

5)总库区内不准许拆箱(袋)发放爆破器材,只准许整箱(袋)发放。

6)爆破器材的发放应在单独的发放间(发放硐室)里进行,不应在库房硐室或槽内发放。

(11)应经常测定库房的温度和湿度,发现硝化甘油类炸药箱渗油、冻结和硝铵类药吸潮结块,应及时处理。

怎样才能保障临时性爆破器材库和临时性存放爆破器材的安全?

(1)临时性爆破器材库,应设置在不受山洪、滑坡和危石等威胁的地方。

允许利用结构坚固但不住人的各种房屋、土窑和车棚等作为临时性爆破器材库。

(2)临时陛爆破器材库应符合下列规定。

1)库房宜为单层结构。

2)库房地面应平整无缝。

3)墙、地板、屋顶和门为木结构的,应涂防火漆;窗、门应为有一层外包铁皮的板窗、门。

4)宜设简易围墙或铁刺网,其高度不小于 2 m。

5)库内应有足够的消防器材。

6)库内应设置独立的发放间,面积不小于 9 m^2。

7)应设独立的雷管库房。

(3)临时性爆破器材库的最大贮存量为:炸药 10 t、雷管 20 000 发、导爆索 10 000 m。

(4)不超过 6 个月的野外流动性爆破作业,用安装有特制车厢的汽车存放爆破器材时,应遵守下列规定。

1)爆破器材存放量不应超过车辆额定载重量的 2/3;在经过核准的专用同一车上装有炸药与雷管时,雷管不得超过 2000 发和相应的导火索与导爆索。

2)特制车厢应是外包铝板或铁皮的木车厢,车厢前壁和侧壁应开有 0.3 m×0.3 m 的铁栅通风孔;后部应开设有外包铝板或铁皮的木门,门应上锁,整个车厢外表应涂防火漆,并设有危险标志。

3)宜在车厢内的右前角设置一个能固定的专门存放雷管的木箱,木箱里面应衬软垫,箱应上锁。

4)不应将特制车厢做成挂车形式。

5)车辆停放位置,应确保爆破作业点、有人建筑物、重要构筑物和主要设备的安全。

6)白天、夜晚均应有警卫。

7)加工起爆管和检测电雷管电阻,应在离危险车辆 50 m 以外的地方进行。

怎样才能保障爆破器材的现场测试、检验的安全?

(1)在实施爆破作业前,应注意以下几方面。

1)对所使用的爆破器材进行外观检查。

2)对电雷管进行电阻值测定。

3)对使用的仪表、电线、电源进行必要的性能检验。

(2)爆破器材外观检查项目应包括以下几方面。

1)雷管管体不应压扁、破损、锈蚀,加强帽不应歪斜。

2)导火索和导爆索表面要均匀且无折伤、压痕、变形、霉斑、油污。

3)导爆管管内无断药,无异物或堵塞,无折伤、油污、穿孔,端头封口。

4)粉状硝铵类炸药不应吸湿结块,乳化和水胶炸药不应稀化或变硬。

(3)A 级、B 级岩土爆破工程和 A 级拆除爆破工程应检测以下项目。

1)炸药的爆速和殉爆距离。

2)延时电雷管的延时时间。

3)导爆索的爆速、起爆能力。

4)导爆管传爆速度,延时导爆管雷管的延时时间。

5)起爆网路及其连接方式的传爆试验。

6)爆破漏斗试验或构件试爆。

(4)起爆电源及仪表的检验包括以下几项。

1)起爆器的充电电压、外壳绝缘性能。

2)采用交流电起爆时,应测定交流电压,并检查开关、电源及输电线路是否符合要求。

3)各种连接线、区域线、主线的材质、规格、电阻值和绝缘性能。

4)爆破专用电桥、欧姆表和导通器的输出电流及绝缘性能。

怎样才能保障爆破器材的检验和销毁的安全?

(1)爆破器材的检验。

1)各类爆破器材的检验项目,应参见产品的技术条件和性能标准;检验方法应严格执行相应的国家标准或部颁标准。

2)爆破器材的外观检验应由保管员负责定期抽样检查。

3)爆破器材的爆炸性能检验,应在安全的地方进行,由爆破工程技术人员负责。

4)对新入库的爆破器材,应抽样进行性能检验。对超过贮存期、出厂日期不明和质量可疑的爆破器材,应进行严格的检验,并由炸药库主任或爆破工作领导人根据检验结果,确认其能否继续保管、使用或销毁。

(2)爆破器材的销毁。

1)经过检验,确认失效及不符合技术条件要求或国家标准的爆破器材,都应销毁或再加工。

乡镇管辖的小型矿场、采石场或小型爆破企业,对不合格的爆破器材,不应自行销毁或自行加工利用,应退回原发放单位按规定进行销毁或再加工。

2)销毁爆破器材时,应登记造册并编写书面报告。报告中应说明被销毁爆破器材的名称、数量、销毁原因、销毁方法、销毁地点及时间，报上级主管部门批准。

3)销毁工作应根据单位总工程师或爆破工作领导人的书面批示进行。销毁工作不应单人进行，操作人员应是专职人员并经专门培训。

销毁后应有两名以上销毁人员签名，并建立台账及档案。

4)销毁爆破器材，不应在夜间、雨天、雾天和3级以上风力的天气里进行。

5)不能继续使用的剩余包装材料(箱、袋、盒和纸张)，经检查确认没有雷管和残药后，可用焚烧法销毁。

包装过硝化甘油类炸药有渗油痕迹的药箱(袋、盒)，应予销毁。

6)销毁爆破器材后，应对现场进行检查，如果发现有残存爆破器材，应收集起来，进行销毁。

7)不应在阳光下曝晒爆破器材。

怎样才能保障爆破准备工作的安全？

(1)锻制钢钎时，锻工应按规定穿戴防护用品，煊钎和淬火支架必须牢固。截断钎子时，开锤及停锤用力应轻。热钎和冷钎应分开放置并以标志识别。

(2)选择炮位时，炮眼口应避开正对的电线、路口和构造物。

(3)凿打炮眼时，坡面上的浮岩危石应予以清理。凿眼所用工具和机械要详加检查，确认完好。严禁在残眼上打孔。

(4)用人力冲击法打松软岩眼时，应清理现场的障碍物。双人、多人冲钎时动作应协调一致。

(5)人工打眼时，使锤人应站立在掌钎人侧面，严禁对面使锤。

(6)机械扩眼，宜采用湿式凿岩或带有捕尘器的凿岩机。凿岩机支架要支稳，严禁用胸部和肩头紧顶把手。、风动凿岩机的管道要顺直，接头要紧密，气压不应过高。电动凿岩机的电缆线宜悬空挂设，工作时应注意观察电流值是否正常。

空压机必须在无荷载状态下启动。开启送气阀前，应将输气管道连接好，不得扭曲。在征得凿岩机操作人员同意后方可送气，出气口前方不得有人工作或站立。贮气瓶内压力不得超过规定值，安全阀应灵敏有效。运转中应注意检查是否有异常情况，不得擅离岗位。

(7)爆破器材应严格管理，必须实施实销实报，剩余的爆破材料必须当日退库，严禁私自收藏，乱丢乱放。更不得用爆炸物品炸鱼、炸兽。发现爆破器材丢失、被盗要立即报告，等待处理。

(8)作业人员在保管、加工、运输爆破器材过程中，严禁穿着化纤衣服。

(9)爆破器材应按规定要求进行检验；对失效及不符合技术条件要求的不得使用。

(10)爆破器材应由专人领取，炸药与雷管严禁由一人同时搬运。电雷管严禁与带电物品一起携带运送。爆破器材运送，应避开人员密集地段，并直接送往工地，中途不得停留，并不得随地存放或带人宿舍。

(11)制作起爆药包(柱)，应在专设的加工房或爆破现场的专用棚内进行。棚内不准有电气、金属设备，无关人员不得入内。

导火索要用快刀切齐，轻轻插入雷管，不得猛插、旋转或摩擦。管口要用安全铰钳夹紧，严禁用牙咬。纸壳雷管应用胶布包扎严密。

药卷应用和雷管同样直径的竹、木锥子扎一个深为 1.5 倍雷管长度的小孔，然后放入接好引线的雷管，封闭扎口。雷管不得露在药柱外面。加工的起爆药包(柱)，不应超过当班爆破作业的需要量。

(12)扩药壶时，孔口的碎石、杂物必须清除干净。装药量应随扩壶次数、扩壶的大小和石质而定，不得盲目加大药量。扩烘时，起爆药柱送下孔底后，不得使用炮棍在炮眼内捣插。导火索点燃后，人应迅速远离。严禁采用先点燃导火索再将药柱抛入孔底的危险操作方法。

需要多次扩壶时，每次爆破后 15 min(硝化甘油炸药应经过 30 min)，等孔壁岩石冷却后，方可再次装药扩壶。

(13)超过 5 m 的深孔不得使用导火索起爆。

(14)装炮工作必须遵守下列规定。

1)装药前应对炮眼进行验收和清理；对刚打成的炮眼应待其冷却后装药，湿炮眼应擦干后才能装药。

2)严禁烟火和明火照明;无关人员应撤离现场。

3)应用木质炮棍装药,严禁使用金属器皿装药;深孔装药出现堵塞时,在未装入雷管、起爆药柱前,可采用铜和木制长杆处理。

4)装好的爆药包(柱)和硝化甘油类炸药,严禁投掷或冲击。

5)不得采用无填塞爆破(扩壶除外),也不得使用石块和易燃材料填塞炮孔;不得捣固直接接触药包的填塞材料或用填塞材料冲击起爆药包,也不得在深孔装入起爆药包后直接用木楔填塞;填塞炮眼时不得破坏起爆线路。

怎样才能保障导火索起爆的安全?

(1)导火索起爆应采用一次点火法点火,其长度应保证点完导火索后人员能撤至安全地点,但不得短于 1.2 m。不得在同次爆破中使用不同燃速的导火索。

(2)露天爆破,一人连续点火的导火索根数不得超过 10 根,严禁使用明火点燃,严禁脚踩和挤压已点燃的导火索。

(3)多人同时点炮时,每人点炮数应大致相等。必须先点燃信号管,信号管响后无论导火索点完与否,人员必须立即撤离。

信号管的长度不得超过该次被点导火索中最短导火索长度的 1/3。

(4)爆破时,应点清爆炸数与装炮数量是否相符。确认炮响完并过 5 min 后,方准爆破人员进入爆破作业点。

怎样才能保障电力起爆的安全?

(1)在同一爆破网路上必须使用同厂、同型号的电雷管,其电阻值差不得超过规定值(应控制在±0.2 Ω 以内)。

(2)爆破网路主线应绝缘良好,并设中间开关,与其他电源线路应分开敷设。

(3)必须严格检查主线、区域线、端线、电源开关和插座等的断通与绝缘情况,在联入网络前各自的两端应短路。

(4)爆破网路的连接必须在全部炮孔装填完毕、无关人员全部撤至安全地点后进行;连接应由工作面向起爆站依次进行,两线的接点应错开 10 cm,接点必须牢固,绝缘良好。

(5)用动力或照明电源起爆时,起爆开关必须放在上锁的专用起爆箱内,起爆开关箱和起爆器的钥匙在整个爆破作业时间里,必须由爆破工作的负责人严加保管,不得交给他人。

(6)装好炸药包后,必须撤除工作面的一切电源;雷雨季节应采用非电起爆法。

怎样才能保障爆后检查的安全?

(1)爆后检查等待时间。

1)露天浅孔爆破,爆后应超过 5 min,方准许检查人员进入爆破作业地点;如不能确认有无盲炮,应经 15 min 后才能进入爆区检查。

2)露天深孔爆破,爆后应超过 15 min,方准检查人员进入爆区。

3)露天爆破经检查确认爆破点安全后,经当班爆破班长同意,方准许作业人员进入爆区。

4)地下矿山和大型地下开挖工程爆破后,经通风吹散炮烟、检查确认井下空气合格后、等待时间超过 15 min,方准许作业人员进入爆破作业地点。

5)拆除爆破爆后应等待倒塌建(构)筑物和保留建筑物稳定之后,方准许检查人员进入现场检查。

6)硐室爆破、水下深孔爆破及未规定的其他爆破作业,爆后的等待时间,由设计确定。

(2)爆后检查内容。

1)一般岩土爆破应检查的内容如下所述。

①确认有无盲炮。

②露天爆破爆堆是否稳定,有无危坡、危石。

③地下爆破有无冒顶、危岩,支撑是否破坏,炮烟是否排除。

2)硐室爆破、拆除爆破及其他有特殊要求的爆破作业,爆破后检查应按有关规定执行。

(3)处理。

1)检查人员发现盲炮及其他险情,应及时上报或处理;处理前应在现场设立危险标志,并采取相应的安全措施,无关人员不应接近。

2)发现残余爆破器材应收集上缴,集中销毁。

怎样才能保障盲炮处理的安全?

(1)裸露爆破的盲炮处理。

1)处理裸露爆破的盲炮,可去掉部分封泥,安置新的起爆药包,加上封泥起爆;发现炸药受潮变质,则应将变质炸药取出销毁,重新敷药起爆。

2)处理水下裸露爆破和破冰爆破的盲炮,可在盲炮附近另投入裸露药包诱爆,可将药包回收销毁。

(2)浅孔爆破的盲炮处理。

1)经检查确认起爆网路完好时,可重新起爆。

2)可打平行孔装药爆破,平行孔距盲炮不应小于 0.3 m;对于浅孔药壶法,平行距盲炮药壶边缘不应小于 0.5 m。为确定平行炮孔的方向,可从盲炮孔口掏出部填塞物。

3)可用木、竹或其他不产生火花的材料制成的工具,轻轻地将炮孔内填塞物掏出,用药包诱爆。

4)可在安全地点外用远距离操纵的风水喷管吹出盲炮填塞物及炸药,但应采措施回收雷管。

5)处理非抗水硝铵炸药的盲炮,可将填塞物掏出,再向孔内注水,使其失效,但回收雷管。

6)盲炮应在当班处理,当班不能处理或未处理完毕,应将盲炮情况(盲炮数目、炮孔方向、装药数量和起爆药包位置,以及处理方法和处理意见)在现场交接清楚,由下一班继续处理。

(3) 深孔爆破的盲炮处理。

1)爆破网路未受破坏,且最小抵抗线无变化者,可重新连接线起爆;最小抵抗线有变化者,应验算安全距离,并加大警戒范围后,在连接起爆。

2)可在距盲破孔口不少于10倍炮孔直径处另打平行孔装药起爆。爆破参数有爆破工程技术人员确定并经爆破领导人批准。

3)所用炸药为非抗水硝铵类炸药，且孔壁完好时，可取出部分填塞物向孔内灌水使之失效，然后做进一步处理。

(4)硐室爆破的盲炮处理。

1)如能找出起爆网路的电线、导爆索或导爆管，经检查正常仍能起爆者，应重新测量最小抵抗线，重划警戒范围，连线起爆。

2)可沿竖井或平硐清除填塞物并重新敷设网络连线起爆，或取出炸药和起爆体。

(5)水下炮孔爆破的盲炮处理。

1)因起爆网路绝缘不好或连接错误造成的盲炮，可重新联网起爆。

2)因填塞长度小于炸药的殉爆距离或全部用水填塞而造成的盲炮，可另装入起爆药包诱爆。

3)可在盲炮附近投入裸露药包诱爆。

怎样才能防止爆破震动超出安全距离？

(1)评价各种爆破对不同类型建(构)筑物和其他保护对象的振动影响，应采用不同的安全判据和允许标准。

(2)地面建筑物的爆破震动判据，采用保护对象所在地质点峰值振动速度和主振频率；水工隧道、交通隧道、矿山巷道、电站(厂)中心控制室设备、新浇大体积混凝土的爆破震动判据，采用保护对象所在地质点峰值震动速度。安全允许标准如表1—5所示。

表1—5　爆破震动安全允许标准

序号	保护对象类别	安全允许振速(cm/s)		
		<10Hz	10～50Hz	50～100Hz
1	土窑洞、土坯房、毛石房[a]	0.5～1.0	0.7～1.2	1.1～1.5
2	一般砖房、非抗震的大型砌块建筑物[a]	2.0～2.5	2.3～2.8	2.7～3.0

续上表

序号	保护对象类别	安全允许振速(cm/s)		
		<10Hz	10～50Hz	50～100Hz
3	钢筋混凝土结构房屋[a]	3.0～4.0	3.5～4.5	4.2～5.0
4	一般古建筑与古迹[b]	0.1～0.3	0.2～0.4	0.3～0.5
5	水工隧道[c]	7～15		
6	交通隧道[c]	10～20		
7	矿山巷道[c]	15～30		
8	水电站及发电厂中心控制室设备	0.5		
9	新浇大体积混凝土[d] 龄期:初凝～3 d 龄期:3～7 d 龄期:7～28 d	2.0～3.0 3.0～7.0 7.0～12		

注:1. 表列频率为主振频率,系指最大振幅所对应波的频率。

2. 频率范围可根据类似工程或现场实测波形选取。选取频率时亦可参考下列数据:硐室爆破<30 Hz、深孔爆破 10～60 Hz、浅孔爆破 40～100 Hz。

3. 表中 a 为选取建筑物安全允许振速时,应综合考虑建筑物的重要性、建筑质量、新旧程度、自振频率、地基条件等因素。

4. 表中 b 为省级以上(含省级)重点保护古建筑与古迹的安全允许振速,应经专家论证选取,并报相应文物管理部门批准。

5. 表中 c 为选取隧道、巷道安全允许振速时,应综合考虑构筑物的重要性、围岩状况、断面大小、深埋大小、爆源方向、地震振动频率等因素。

6. 表中 d 为非挡水新浇大体积混凝土的安全允许振速,可按本表给出的上限值选取。

(3)爆破震动安全允许距离,可按式(1—1)计算。

$$R = \left(\frac{K}{V}\right)^{\frac{1}{a}} \cdot Q^{\frac{1}{3}} \quad (1-1)$$

式中 R——爆破震动安全允许距离(m);

Q——炸药量,齐发爆破为总药量,延时爆破为最大一段药量(kg)；

V——保护对象所在地质点振动安全允许速度(cm/s)；

K、a——与爆破点至计算保护对象间的地形、地质条件有关的系数和衰减指数，可按表1—6选取，或通过现场试验确定。

表1—6　爆破区不同岩性的K、a值

岩　性	K	a
坚硬岩石	50～150	1.3～1.5
中硬岩石	150～250	1.5～1.8
软岩石	250～350	1.8～2.0

群药包爆破，各药包至保护目标的距离差值超过平均距离的10％时，用等效距离R_e和等效药量Q_e分别代替R和Q值。R_e和Q_e的计算采用加权平均值法。

对于条形药包，可将条形药包以1～1.5倍最小抵抗线长度分为多个集中药包，参照群药包爆破时的方法计算其等效距离和等效药量。

(4)在复杂环境中多次进行爆破作业时，应从确保安全的单响药量开始，逐步增大到允许药量，并按允许药量控制一次爆破规模。

怎样才能防止爆破冲击波超出安全距离？

(1)露天裸露爆破大块时，一次爆破的炸药量不应大于20 kg，并应按式(1—2)确定空气冲击波对在掩体内避炮作业人员的安全允许距离。

$$R_k = 25\sqrt[3]{Q} \qquad (1—2)$$

式中　R_k——空气冲击波对掩体内人员的最小允许距离(m)；

Q——一次爆破的炸药量，秒延时爆破取最大分段药量计算，毫秒延时爆破按一次爆破的总药量计算(kg)。

(2)地表大药量爆炸加工时，应核算不同保护对象所承受的空气冲击波超压值，并确定相应的安全允许距离。在平坦地形条件下爆破时，可按式(1—3)计算超压。

$$\Delta P=14\frac{Q}{R^{3}}+4.3\frac{Q^{\frac{2}{3}}}{R^{2}}+1.1\frac{Q^{\frac{1}{3}}}{R} \tag{1—3}$$

式中　ΔP——空气冲击波超压值 10^{5} Pa；

Q——一次爆破的梯恩梯炸药当量，秒延时爆破为最大一段药量，毫秒延时爆破为总药量(kg)；

R——装药至保护对象的距离(m)。

(3)爆破作用指数 $n<3$ 的爆破作业，对人员和其他保护对象的防护，应首先考虑个别飞散物和地震安全允许距离。

(4)地下爆破时，对人员和其他保护对象的空气冲击波安全允许距离由设计确定。

(5)水下裸露爆破，当覆盖水厚度小于 3 倍药包半径时，对水面以上人员或其他保护对象的空气冲击波安全允许距离的计算原则，与地面爆破时相同。

(6)在水深不大于 30 m 的水域内进行水下爆破，水中冲击波的安全允许距离，应遵守下列规定。

对人员：按表 1—7 确定。

对船舶：客船为 1500 m，施工船舶：按表 1—8 确定。

非施工船舶：可参照表 1—8 和式(1—4)，根据船舶状况由设计确定。

表 1—7　对人员的水中冲击波安全允许距离

装药及人员状况		炸药量(kg)		
		≤50	50<炸药量且≤200	200<炸药量且≤1000
水中裸露装药(m)	游泳	900	1400	2000
	潜水	1200	1800	2600
钻孔或药室装药(m)	游泳	500	700	1100
	潜水	600	900	1400

表 1—8　对施工船舶的水中冲击波安全允许距离

装药及人员状况		炸药量(kg)		
		≤50	50<炸药量且≤200	200<炸药量且≤1000
裸露装药(m)	木船	200	300	500
	铁船	100	150	250
钻孔或药室装药(m)	木船	100	150	250
	铁船	70	100	150

一次爆破药量大于 1000 kg 时,对人员和施工船舶的水中冲击波安全允许距离可按式(1—4)计算。

$$R=K_0\sqrt[3]{Q} \quad (1—4)$$

式中　R——水中冲击波的最小安全允许距离(m);

Q——一次起爆的炸药量(kg);

K_0——系数,按表 1—9 选取。

表 1—9　K_0 值

装药条件	保护人员		保护施工船舶	
	游　泳	潜　水	木　船	铁　船
裸露装药	250	320	50	25
钻孔或药室装药	130	160	25	15

(7)在水深大于 30 m 的水域内进行水下爆破时,水中冲击波安全允许距离,应通过实测和试验研究确定。

(8)在重要水工、港口设施附近及水产养殖场或其他复杂环境中进行水下爆破,应通过测试和邀请专家研究确定安全允许距离。

怎样才能保障个别飞散物允许的安全距离？

(1)爆破时，个别飞散物对人员的安全距离不应小于表1－10的规定；对设备或建设物的安全允许距离，应由设计确定。

表1－10　爆破个别飞散物对人员的安全允许距离

爆破类型和方法		个别飞散物的最小安全允许距离(m)
露天岩土爆破	破碎大块岩矿： 裸露药包爆破法 浅孔爆破法	 400 300
露天岩土爆破	浅孔爆破	200(复杂地质条件下或未形成台阶工作面时不小于300)
露天岩土爆破	浅孔药壶爆破	300
露天岩土爆破	蛇穴爆破	300
露天岩土爆破	深孔爆破	按设计，但不小于200
露天岩土爆破	深孔药壶爆破	按设计，但不小于300
露天岩土爆破	浅孔孔底扩壶	50
露天岩土爆破	深孔孔底扩壶	50
露天岩土爆破	硐室爆破	按设计，但不小于300
爆破树墩		200
森林救火时，堆筑土壤防护带		50
爆破拆除沼泽地的路堤		100

续上表

爆破类型和方法		个别飞散物的最小安全允许距离(m)
水下爆破	水面无冰时的裸露药包或浅孔、深孔爆破： 水深小于 1.5 m 水深大于 6 m 水深 1.5～6 m	 与地面爆破相同 不考虑飞石对地面或水面以上人员的影响 由设计确定
	水薄冰时的裸露药包或浅孔、深孔爆破	200
	水底硐室爆破	由设计确定
破冰工程	爆破薄冰凌	50
	爆破覆冰	100
	爆破阻塞的流冰	200
	爆破厚度大于 2 m 的冰层或爆破阴塞流冰一次用药量超过 300kg	300
爆破金属物	在露天爆破场	1500
	在装甲爆破抗中	150
	在厂区内的空场中	由设计确定
	爆破热凝结物	按设计，但不小于 30
	爆炸加工	由设计确定
拆除爆破、城镇浅孔爆破及复杂环境深孔爆破		由设计确定
地震勘探爆破	浅井或地表爆破	按设计，但不小于 100
	在深孔中爆破	按设计，但不小于 30

注：沿山坡爆破时，下坡方向的飞石安全允许距离应增大 50%。

(2)抛掷爆破时,个别飞散物对人员、设备和建筑物的安全允许距离,应由设计确定,并报单位总工程师批准。

怎样才能使爆破器材库的内部安全距离符合要求?

(1)A_1 级库房或药堆间的距离不应小于表 1—11 的规定。

(2)A_2 级库房或药堆间的距离不应小于表 1—12 的规定。

(3)A_3 级库房或药堆间的距离不应小于表 1—13 的规定。

(4)当相邻库房或药堆为不同类别炸药时,应分别查表确定完全允许距离并取最大值。

表 1—11　A_1 级仓库之间的安全允许距离

存药量(t)		>30 且≤50	>20 且≤30	>10 且≤20	>5 且≤10	>2 且≤5	>1 且≤2	≤1
仓库类型	无止堤地面库、药堆(m)	110	90	80	65	50	40	30
	有土堤地面库(m)	80	70	60	50	40	35	25

表 1—12　A_2 级仓库之间的安全允许距离

存药量(t)		>100 且≤150	>50 且≤100	>30 且≤50	>20 且≤30	>10 且≤20	>5 且≤10	≤5
仓库类型	无止堤地面库、药堆(m)	60	50	45	35	30	25	20
	有土堤地面库(m)	40	35	30	25	20	20	20

表1—13　A_3级库房或药堆间的距离

存药量(t)		>150且≤200	>100且≤150	>50且≤100	>30且≤50	>20且≤30	≤20
仓库类型	无止堤地面库、药堆(m)	50	45	38	32	26	20
	有土堤地面库(m)	35	30	27	24	20	20

注:1. 本表适用于硝铵类炸药和黑火药。

2. 硝铵类炸药指以硝酸铵为主要成分的炸药,包括粉状铵锑炸药、铵油炸药、铵松蜡炸药、铵沥蜡炸药、乳化炸药、粉状乳化炸药、水胶炸药、浆状炸药、多孔粒状铵油炸药、乳化粒状炸药、粒状黏性炸药、震源药柱等。

怎样才能保障防护工程砌筑的安全?

(1)边坡防护作业,必须搭设牢固的脚手架。

(2)砌石工程必须自下而上砌筑。片石改小,不得在脚手架上进行。护墙砌筑时,墙下严禁站人。抬运石块上架,跳板应坚固,并设防滑条。

(3)抹面、勾缝作业必须先上后下。严禁在砌筑好的坡面上行走,上下必须用爬梯。架上作业时,架下不准有人操作或停留,不得上面砌筑、下面勾缝。

怎样才能保障砂浆拌和机作业的安全?

(1)拌和机应安置稳妥,开机前必须确认传动及各部装置牢固可靠,操作灵活。运转中不得用手或木棒等伸进筒内清理筒口的灰浆。

(2)作业中如发生故障,应立即切断电源,并将筒内砂浆倒出。

怎样才能保障砂浆喷射机作业的安全?

(1)砂浆输送泵。

1)输送管道各接头应连接牢固,并设有牢固的支撑,尽量减少管道长度和弯管数量,管道上不得加压或悬挂重物。

2)作业前应空运转,在确认旋转方向正确、电路开关、传动保护装置及料斗滤网齐全可靠后,方可进行作业。

3)运转正常后,方可向泵内注入砂浆;砂浆泵须连续运转,短时间不用砂浆时,应打开回浆阀使砂浆在泵内循环运行;如停机时间较长时,应每隔 3～5 min 泵送一次,使灰浆在管道和泵体内流动,以防凝结、阻塞。

4)工作中应随时注意压力表指针是否正常,检查球阀、阀座和挤压管有无异常,如发现漏浆应停机修复后方可继续作业。

5)因故障停机时,应打开泄浆阀使压力下降,然后再排除故障;砂浆泵压力未降到零时,不得拆卸空气室、压力安全阀和管道。

(2)砂浆喷射机。

1)喷射机应保持内部清洁,输送泵和喷射机人员应密切联系,协调配合。

2)在喷嘴前 5 m 范围内不得站人;工作停歇时,喷嘴不得朝向有人的方向。

3)输料软管如发生堵塞,可用木棍轻轻敲打外壁,如无效时可在关闭砂浆后拆卸胶管,用压缩空气吹通。

4)转换作业面时,输料软管不得随地拖拉和弯折。

怎样才能保障基坑开挖施工的安全?

(1)挡墙挖基应视土质、湿度和挖掘的深度设放安全边坡,否则应设置相适应的围壁支撑。基坑壁坡度可参照表 1—14 办理。

表 1-14　基坑坑壁坡度表

坑壁土质	坑壁坡度		
	基坑顶缘无载重	基坑顶缘有静载	基坑顶缘有动载
砂类土	1∶1	1∶1.25	1∶1.5
碎卵石类土	1∶0.75	1∶1	1∶1.25
轻粉质黏土	1∶0.67	1∶0.75	1∶1
粉质黏土	1∶0.33	1∶0.5	1∶0.75
极软岩	1∶0.25	1∶0.33	1∶0.67
软质岩	1∶0	1∶0.1	1∶0.25
硬质岩	1∶0	1∶0	1∶0

注:本表适用于基坑深度在 5 m 以内、无地下水、土质结构均匀的情况。

(2)人工挖基作业时,从基坑内抛上的土方应边挖边运。用土台分层抛掷传运出土时,台阶宽度不得小于 0.7 m,高度不得大于 1.5 m。基坑上边缘暂时堆放的土方至少应距坑边 0.8 m 以外,堆放高度不得超过 1.5 m。

怎样才能保障碎石机作业安全?

(1)进料要均匀,不得过大,严防金属块等混入。出料口上方应有挡板。

(2)不得从上方向碎石机口内窥视。

(3)若石料卡住进口,应用铁钩翻动,严禁用手搬动。

怎样才能保障稳定土拌和机作业安全?

(1)应根据不同的拌和材料,选用合适的拌和齿。

(2)拌和作业时,应先将转子提起离开地面空转,然后再慢慢下降至拌和深度。

(3)在拌和过程中，不能急转弯或原地转向，严禁使用倒挡进行拌和作业。遇到底层有障碍物时，应及时提起转子，进行检查处理。

(4)拌和机在行走和作业过程中，必须采用低速，保持匀速。液压油的温度不得超过规定。

(5)停车时应拉上制动，将转子置于地面。

怎样才能保障场拌稳定土机械作业安全？

(1)皮带运输机应尽量降低供料高度，以减轻物料冲击。在停机前必须将料卸尽。

(2)拌和机仓壁振动器在作业中铁芯和衔铁不得碰撞，如发生碰撞应立即调整振动体的振幅和工作间隙。仓内不出料时，严禁使用振动器。

(3)拌和结束后给料斗、贮料仓中不得有存料。

(4)搅拌壁及叶桨的紧固状况应经常检查，如有松动应立即拧紧。

怎样才能保障碎石撒布机作业安全？

(1)自卸汽车与撒布机联合作业，应紧密配合，以防碰撞。

(2)撒布碎石，车速要稳定，不应在撒布过程中换挡。严禁撒布机长途自行转移。

(3)在工地作短距离转移，必须停止拨料辊及皮带运输机的传动，并注意道路状况以防碰坏机件。

(4)作业时无关人员不得进入现场，以防碎石伤人。

(5)石料的最大粒径不得超过说明书中的规定。

怎样才能保障洒水车作业安全？

(1)洒水车在公路上抽水时，不得妨碍交通。

(2)在有水草和杂物的水道中抽水，吸水管端应加设过滤网罩。

(3)洒水车在上下坡及弯道运行中,不得高速行驶,并避免紧急制动。

(4)洒水车驾驶室外不得载人。

怎样才能保障沥青运输作业安全?

(1)液态沥青车运送。

1)用泵抽送热沥青进出油罐时,工作人员应避让。

2)向储油罐注入沥青时,当浮标指标达到允许最大容量时,要及时停止注入。

3)满载运行时,遇有弯道、下坡时要提前减速,避免紧急制动。油罐装载不满时要始终保持中速行驶。

(2)吊耳吊装桶装沥青。

1)吊装作业应有专人指挥。沥青桶的吊索应绑扎牢固。

2)吊起的沥青桶不得从运输车辆的驾驶室上空越过,并应稍高于车厢板,以防碰撞。

3)吊臂旋转半径范围内不得站人。

4)沥青桶未稳妥落地前,严禁卸、取吊绳。

(3)人工装卸桶装沥青

1)运输车辆应停放在平坡地段,并拉上手闸。

2)跳板应有足够的强度,坡度不应过陡。

3)沥青桶不得漏油,否则应先堵漏,后搬运。

4)放倒的沥青桶经跳板向上(下)滚动装(卸)车时,要在露出跳板两侧的铁桶上各套一根绳索,收放绳索时要缓慢,并应两端同步上下。

(4)人工运送液态沥青。

人工运送液态沥青,装油量不得超过容器的2/3。

怎样才能保障锅炉架设作业安全?

(1)有安装锅炉能力的使用单位,经当地劳动部门同意后,可以自行安装立式锅炉和快装锅炉。新安装或检修后的锅炉，自检合格后，报当地劳动部门检查批准后，方可点火运行。

(2)锅炉一般应安装在单独建造的锅炉房内。锅炉房如与生产厂房相连时，应用防火墙隔开，其锅炉的容量应符合有关规定的要求。

(3)为了保证锅炉安全运行，必须建立健全严格的规章制度。

(4)锅炉在运行中，如发生有严重威胁锅炉安全运行等情况时，应采取紧急停炉措施。

(5)投煤时应注意检查煤炭中混杂的有害物质。

怎样才能保障远红外加热沥青的作业安全？

(1)使用前应检查机电设备和短路过载保安装置是否良好，电气设备有无接地，确认符合要求后方可合闸作业。

(2)沥青油泵应进行预热，当用手能转动联轴器时，方可启动油泵送油。输油完毕后将电机反转，使管道中余油流回锅内，并立即用柴油清洗沥青泵及管道。清洗前必须关闭有关阀门，严防柴油流入油锅。

怎样才能保障导热油加热沥青的作业安全？

(1)加热炉使用前必须进行耐压试验，水压力应不低于额定工作压力的两倍。

(2)对加热炉及设备应做全面检查，各种仪表应齐全完好。泵、阀门、循环系统和安全附件应符合技术要求，超压、超温报警系统应灵敏可靠。

(3)必须经常检查循环系统有无渗漏、振动和异声，定期检查膨胀箱的液面是否超过规定，自控系统的灵敏性和可靠性是否符合要求，并应定期清除炉管及除尘器内的积灰。

(4)导热油的管道应有防护设施。

怎样才能保障明火熬制沥青作业安全?

(1)锅灶设置。

1)支搭的沥青锅灶,应距建筑物至少 30 m,距电线垂直下方在 10 m 以上。周围不得有易燃易爆物品,并应备用锅盖、灭火器等防火用具。

2)油锅上方搭设的防雨篷,严禁使用易燃材料。

3)沥青锅的前沿(有人操作的一面)应高出后沿 10 cm 以上,并高出地面 0.8～1.0 m。

4)舀、盛热沥青的勺、桶、壶等不得锡焊。

(2)沥青预热。

1)打开沥青桶上大、小盖。当只有一个桶盖时,应在其相对方向另开一孔,以便通气出油。桶内如有积水必须先予排除。

2)操作人员应注意沥青突然喷出,如发现沥青从桶的砂眼中喷出,应在桶外的侧面,铲以湿泥涂封,不得用手直接涂封。

3)烤油中如发现沥青桶口堵塞时,操作人员应站在侧面用热铁棍疏通。

4)烤油时必须用微火,不得用大火猛烤。

5)卧桶烤油的油槽应搭设牢固。流向储油锅的通道要畅通。

(3)沥青熬制。

1)熬油锅内不得有水和杂物,沥青投入量不得超过油锅容积的 2/3,块状沥青应改小并装在铁丝瓢内下锅,不得直接向锅内抛掷,严禁烈火加热空锅时加入沥青。

2)预热后的沥青宜用溜槽流下油锅;如用油桶直接倒入油锅时,桶口应尽量放低,防止被热沥青溅伤。

3)在熬制沥青时,如发现油锅漏油,必须立即熄灭炉火。

4)舀油时应用长柄勺,并要经常检查其连接是否牢固。

5)油料脱水应缓慢加热,经常搅动,严禁猛火导致沥青溢锅;如发现有漫油迹象时,应立即熄灭炉火。

6)熬油工应随时掌握油温变化情况,当白色烟转为红、黄色烟时，应立即熄灭炉火。

7)熬油现场临时堆放的沥青及燃料不应过多，堆放位置距沥青锅炉应在 5 m 以外。

怎样才能保障沥青洒布车作业安全？

(1)检查机械、洒布装置及防护、防火设备是否齐全有效。

(2)采用固定式喷灯向沥青箱的火管加热时，应先打开沥青箱上的烟囱口，并在液态沥青淹没火管后，方可点燃喷灯。加热喷灯的火焰过大或扩散蔓延时应立即关闭喷灯，待多余的燃油烧尽后再行使用。喷灯使用前，应先封闭吸油管及进料口，手提喷灯点燃后不得接近易燃品。

(3)满载沥青的洒布车应中速行驶。遇有弯道、下坡时应提前减速，尽量避免紧急制动。行驶时严禁使用加热系统。

(4)驾驶员与机上操作人员应密切配合，操作人员应注意自身的安全。作业时在喷洒沥青方向 10 m 以内不得有人停留。

怎样才能保障沥青洒布机作业安全？

(1)工作前应将洒布机车轮固定，检查高压胶管与喷油管连接是否牢固，油嘴和节门是否畅通，机件有无损坏。检查确认完好后，再将喷油管预热，安装喷头，经过在油箱内试喷后，方可正式喷洒。

(2)装载热沥青的油桶应坚固不得漏油，其装油量要低于桶口 10 cm。向洒布机油箱注油时，油桶要靠稳，在油箱口缓慢向下倒油，不得猛倒。

(3)喷洒沥青时，手握的喷油管部分应加缠旧麻袋或石棉绳等隔热材料。操作时，喷头严禁向上。喷头附近不得站人，不得逆风操作。

(4)压油时，速度要均匀，不得突然加快。喷油中断时，应将喷头放在洒布机油箱内，固定好喷管，不得滑动。

(5)移动洒布机，油箱中的沥青不得过满。

(6)喷洒沥青时,如发现喷头堵塞或其他故障,应立即关闭阀门,等修理完好后再行作业。

怎样才能保障沥青拌和作业安全?

(1)人工拌和作业时应使用铁壶或长柄勺倒油,壶嘴或勺口不应提得过高,防止热油溅起伤人。

(2)沥青混合料拌和设备作业应遵守下列规定。

1)作业前,热料提升斗、搅拌器及各种料斗内不得有存料。

2)配有湿式除尘系统的拌和设备其除尘系统的水泵应完好,并保证喷水量稳定且不中断。

3)卸料斗处于地下底坑时,应防止坑内积水淹没电器元件。

4)拌和机启动、停机,必须按规定程序进行。点火失效时,应及时关闭喷燃器油门,待充分通风后再行点火。需要调整点火时,必须先切断高压电源。

5)液化气点火时,必须有减压阀及压力表。燃烧器点燃后,必须关闭总阀门。

6)连续式拌和设备的燃烧器熄火时应立即停止喷射沥青。当烘干拌和筒着火时,应立即关闭燃烧器鼓风机及排风机,停止供给沥青,再用含水量高的细骨料投入烘干拌和筒,并在外部卸料口用干粉或泡沫灭火器进行灭火。

7)关机后应清除皮带上、各供料斗及除尘装置内外的残余积物,并清洗沥青管道。

(3)沥青混合料拌和站的各种机电(包括使用微电脑控制进料的)设备,在运转前均需由机工、电工、电脑操作人员进行详细检查,确认正常完好后才能合闸运转。

(4)机组投入正常运转后,各部门、各工种都要随时监视各部位的运转情况,不得擅离岗位。

(5)运转过程中,如发现有异常情况,应报告机长,并及时排除故障。停机前应首先停止进料,等各部位(拌鼓、烘干筒等)卸完料后,才可提前停机。再次启动时,不得带负荷启动。

(6)运转中严禁人员靠近各种运转机构。

(7)搅拌机运行中,不得使用工具伸入滚筒内掏挖或清理。需要清理时必须停机。如需人员进入搅拌鼓内工作时,鼓外要有人监护。

(8)料斗升起时,严禁有人在斗下工作或通过。检查料斗时应将保险链挂好。

(9)拌和站机械设备需经常检查的部位应设置铁爬梯。采用皮带机上料时,储料仓应加防护。

怎样才能保障沥青混合料摊铺作业安全?

(1)驾驶台及作业现场要视野开阔,清除一切有碍工作的障碍物。作业时无关人员不得在驾驶台上逗留。驾驶员不得擅离岗位。

(2)运料车向摊铺机卸料时,应协调动作,同步行进,防止互撞。

(3)换挡必须在摊铺机完全停止时进行,严禁强行挂挡和在坡道上换挡或空挡滑行。

(4)熨平板预热时,应控制热量,防止因局部过热而变形。加热过程中,必须有专人看管。

(5)驾驶力求平稳,不得急剧转向。弯道作业时,熨平装置的端头与路缘石的间距不得小于10 cm,以免发生碰撞。

(6)用柴油清洗摊铺机时,不得接近明火。

怎样才能保障混凝土拌和及运送作业安全?

(1)手推车或小型翻斗车装运混凝土,车辆之间应保持一定的安全距离。

(2)水泥混凝土运输车运送混凝土拌和物时,应遵守下列规定。

1)液压泵、液压马达及阀件应紧固,并与管道连接牢固,密封良好。各泵旋转时应无卡阻和异常声响。

2)当传动系统出现故障,液压油输出中断而导致滚筒停转,并一时无法修复时,要利用紧急排出系统快速排出混凝土拌和物。

3)严禁用手触摸旋转中的搅拌筒和随动轮。

(3)自卸汽车运送混凝土拌和物,不得超载和超速行驶。车停稳后方准顶升车厢卸料。车厢尚未放下时,操作人员不得上车清除残料。

怎样才能保障人工摊铺作业安全?

(1)装卸钢模时,必须逐片轻抬轻放,不得随意抛掷。

(2)拆下的木模应及时起钉,堆放整齐。

怎样才能保障机械摊铺作业安全?

(1)轨模式水泥混凝土摊铺机摊铺时,应遵守下列规定。

1)布料机与振平机之间应保持5～8 m的安全距离。

2)布料机传动钢丝的松紧要适度。不得将刮板置于运行方向垂直的位置,也不得借助整机的惯性冲击料堆。

3)作业中严禁驾驶员擅自离开驾驶台。无关人员不得在驾驶台上停留或上下摊铺机。在弯道上作业时,要注意防止摊铺机脱轨。

(2)滑模式水泥混凝土摊铺机摊铺时,应遵守下列规定。

1)停机处应平坦、坚实,并用支垫牢固的木块垫起机体。履带垫离地面后方可进行调整、安装工作。

2)调整机器高度时,工作踏板及扶梯等处不得站人。作业期间严禁碰撞引导线。

3)摊铺机应避免紧急转向,防止与预置钢筋、路机缘石等碰撞。

4)摊铺机不得牵引其他机械。其他机械牵引摊铺机时应用刚性拖杆。

5)摊铺机停放在通车道路上时,周围必须设置明显的安全标志。夜间应以红灯示警,其能见度不得小于150 m。

(3)真空吸水作业时,严禁操作人员在吸垫上行走或将物件置压在吸垫上。

(4)使用水泥混凝土抹平机时，应确保抹平机的叶片光洁平整，并处于同一水平面，其连接螺栓应紧固不松动，并在无负荷状态下启动。电缆要有专人收放，确保不打结，不砸压，如发现有异常现象应立即停机检查。

怎样才能保障切缝作业安全？

(1)切缝机锯缝时，刀片夹板的螺母应紧固，各连接部位和安全防护罩应完好正常。切缝前应先打开冷却水，冷却水中断时应停止切缝。

切缝时刀片要缓缓切入，并注意割切深度指示器，当遇有较大切割阻力时，应立即升起刀片检查。停止切缝时应先将刀片提离板面后才可停止运转。

(2)薄膜养护的溶剂，一般具有毒性和易燃等特性，应做好贮运装卸的安全工作。喷洒时应站在上风，穿戴安全防护用品。

怎样才能保障压路机作业安全？

(1)严禁在压路机没有熄火、下无支垫三角木的情况下，进行机下检修。

(2)压路机应停放在平坦、坚实并对交通及施工作业无妨碍的地方。停放在坡道上时，前后轮应置垫三角木。

(3)压路机前后轮的刮板，应保持平整良好。碾轮刷油或洒水的人员应与司机密切配合，必须跟在辗轮行走的后方，要注意压路机转向。

怎样才能保障旧路面凿除作业安全？

(1)旧路面凿除宜分小段进行，以免妨碍交通。

(2)用镐开挖旧路面时，应并排前进，左右间距应不少于 2 m，不得面对面使镐。

(3)大锤砸碎旧路面时,周围不得有人站立或通行。锤击钢钎,使锤人应站在扶钎人的侧面,使锤者不得戴手套,锤柄端头应有防滑措施。

(4)风动工具凿除旧路面,应遵守下列规定。

1)各部管道接头必须紧固,不漏气。胶皮管不得缠绕打结,并不得用折弯风管的办法作断气之用,也不得将风管置于胯下。

2)风管通过过道,须挖沟将风管下埋。

3)风管连接风包后要试送气,检查风管内有无杂物堵塞。送气时,要缓慢旋开阀门,不得猛开。

4)风镐操作人员应与空压机司机紧密配合,及时送气或闭气。

5)钎子插入风动工具后不得空打。

(5)利用机械破碎旧路面时,应有专人统一指挥,操作范围内不得有人,铲刀切入地面不宜过深,推刀速度应缓慢。

第二章 桥涵工程施工安全

怎样才能保障桥涵工程施工基本安全？

(1)高桥、大跨、深水、结构复杂的大型桥梁施工，应对施工安全做专项调查研究，并制定相应的安全技术措施。单项工程(包括辅助结构、临时工程)开工前，应根据相关规程制定的安全操作细则，向施工人员进行安全技术交底。

(2)桥涵施工前，应对施工现场、机具设备及安全防护设施等，进行全面检查，确认符合安全要求后方可施工。

(3)手持式电动工具，应按国标《手持式电动工具的管理、使用、检查和维修安全技术规程》(GB/T 3787—2006)的规定，根据手持式电动工具的类别和作业场所的安全要求，加设漏电保护器。

(4)桥涵施工，采用多层作业或桥下通车、行人等立体施工时，应布设安全网。

(5)对于通航江河上的桥涵工程，施工前应与当地港航监督部门联系，制定有关通航、作业安全事项。

(6)高处露天作业、缆索吊装及大型构件起重吊装时，应根据作业高度和现场风力大小、对作业的影响程度，制定适于施工的风力标准。遇有6级(含6级)以上大风时，上述施工应停止作业。

怎样才能保障明挖基础施工的安全？

(1)开挖基坑时，如对邻近建(构)筑物或临时设施有影响时，应采取安全防护措施。

(2)挖掘机等机械在坑顶进行挖基出土作业时，机身距坑边的安全距离应视基坑深度、坡度、土质情况而定。一般应不小于1.0 m,堆放材料及机具时应不小于0.8 m。

(3)采用桅杆吊斗或皮带运输机出土时,应检查吊斗绳索、挂钩、机具等是否完好牢固。吊斗升降时,坑内作业人员应躲离吊斗升降移动范围以外。吊斗不使用时,应及时摘下,不得悬挂。

(4)在水中挖基,应备有便于出入基坑的爬梯等安全设施。

(5)开挖中,当坑沿顶面裂缝、坑壁松塌或遇有涌水、涌砂影响基坑边坡稳定时,应立即加固防护。

(6)基坑需机械抽排水开挖时,须配备足够的抽排水设备,抽水机及管路等要安放牢靠。

(7)小型桥涵施工,如不能保证车辆通行时,应事先修好便道或便桥(涵),并在修建桥涵的公路两端设置“禁止通行”的标志。

(8)寒冷地区采用冻结法开挖基坑时,应根据地质、水文、气温等情况,分层冻结,逐层开挖。

(9)基坑开挖需要爆破,应按国家现行的《爆破安全规程》(GB 6722—2003)办理。

怎样才能保障筑岛、围堰施工的安全?

(1)吸泥船吹砂筑岛时,作业区内严禁船舶进入;承载吸泥管道的浮筒上不得行人。

(2)挖基工程所设置的各种围堰和基坑支撑,其结构必须坚固牢靠。基础施工中,挖土、吊运、浇筑混凝土等作业,严禁碰撞支撑,并不得在支撑上放置重物。施工中发现围堰、支撑有松动、变形等情况时,应及时加固,危及作业人员安全时应立即撤出。

(3)基坑较深时,四周应悬挂人员上下扶梯。

(4)基坑支撑拆除时,应在施工负责人的指导下进行。拆除支撑应与基坑回填相互配合进行。有引起坑壁坍塌危险时,必须采取安全措施。

(5)在围堰内作业,遇有洪水或流冰,应立即撤出作业人员。

怎样才能保障钢板桩及钢筋混凝土板桩围堰施工的安全?

(1)插打钢板桩(包括钢筋混凝土板桩,以下同)围堰前,应对打桩机具进行全面检查。

(2)钢板桩起吊前,钢板桩凹槽部位应清扫干净,锁口应先进行修整或试插;组拼的钢板桩组件,应采用坚固的夹具夹牢,不得将吊具拴在钢板桩夹具上。钢板桩吊环的焊接应由专人检查,必要时应进行试吊。

(3)打桩机和卷扬机应设专人操作。钢板桩起吊,应听从信号指挥。作业时,应在钢板桩上拴好溜绳,防止起吊后急剧摆动。吊起的钢板桩未就位前桩位附近不得站人。

(4)钢板桩插进锁口后,因锁口阻力不能插放到位而需桩锤压插时,应采用卷扬机钢丝绳控制桩锤下落行程,防止桩锤随钢板桩突然下滑。

(5)插打钢板桩,如因吊机高度不足,可向下移动吊点位置,但吊点不得低于桩顶下 1/3 桩长的位置。

(6)钢板桩在锤击下沉时,初始阶段应轻打。桩帽(垫)变形时应及时更换。

怎样才能保障套箱围堰施工的安全?

(1)深水处水中构筑物采用套箱围水修建时,套箱的结构及形式应按设计制造,并经检查验收后方可交付使用。

(2)各种形式的钢套箱,在浮运或装配中,必须具有足够的稳定性和刚度,并要制订吊运、组装、拆卸时的安全技术措施。

(3)套箱采用船组辅助定位时,应先将定位船、导向船(或其他导向设施)就位。定位船锚的设置应根据流速、河床地质情况具体确定。定位船锚在施放时,位置应准确,并要采取措施防止下锚时锚链(绳)缠绕或刮带伤人。抛锚地点应设置浮标,船只上的锚固绳栓均要加固补强。

(4)钢套箱进入现场定位后,应检查锚定系统的稳定情况,确认无误后方可进行下一步工作。船间的通道及连接梁上,应铺设人行道板和栏杆。

(5)钢套箱刚刚落床尚未稳定前应防止来往船舶、流冰、漂流物等碰撞导向船、锚绳等设施。

(6)当沉浮式双壁钢套箱注水下沉、或排水上浮时,必须对称均衡进行施工,并防止产生过大的倾斜。

(7)钢套箱拆除,应按施工组织设计规定的程序进行。作业时安全防护设施应齐备。

怎样才能保障沉井基础施工的安全?

(1)沉井的初沉阶段不宜在汛期内施工。如必须在汛期、凌汛期施工时,应采取稳妥可靠的安全防护措施。

(2)在围堰筑岛上就地浇筑的沉井,围堰要牢固,防止冲刷产生坍陷。

(3)拆除沉井垫板应符合下列要求。

1)沉井混凝土强度满足沉井抽垫受力的要求时方可抽垫。

2)支垫应分区、依次、对称、同步地向沉井外抽出,随抽随用砂土回填捣实。抽垫时应防止沉井倾斜。

3)定位支点处的支垫,应按设计要求的顺序尽快地抽出。

4)抽拔垫板时,应派人在沉井外观察和指挥。

(4)沉井下沉,采用人工挖掘时,劳动组织要合理,井内人员不宜过多。在刃脚处挖掘,应对称均匀掘进,并保持沉井均衡下沉。下井操作人员,安全防护用品必须佩戴齐全。井内要有充足的照明。沉井各室均应备有悬挂钢梯及安全绳,以应急需。涌水、涌砂量大时,不宜采用人工开挖下沉。

(5)井内、井上搭设的抽水机台座(架)必须安装牢靠。电路应使用防水胶线,防止漏电。

(6)沉井顶面应设安全防护围栏。井顶上的机具应设防护挡板,小型工具宜装箱存放。在沉井刃脚和井内横隔墙附近,不得有人停留、休息。

(7)用吊斗出土时,斗梁与吊钩应封绑牢固,并应经常检查斗梁、斗门等磨损情况,损伤部位应更换或加固。吊斗升降时,井顶指挥人员应通知井下人员暂时避开。

(8)采用抓斗进行不排水下沉时,如钢丝绳缠绕在一起而需要转动抓斗进行排除时,作业人员应站在有护栏的部位。

(9)不排水下沉中,应均匀出土,不得超挖超吸。必须进行沉井底的潜水检查时,要防止沉井突然下沉和大量涌砂而导致沉井歪斜或造成机械和人员损伤。

(10)沉井下沉需要配重时,配重物件应堆码整齐,捆绑牢固;采用偏配重、偏出土和施加水平力纠正井倾时,荷载应逐级增加,并不断观察沉井下沉情况。

(11)采用空气幕下沉沉井时,空压机、储气罐等应符合安全规定的要求,并由专人操作。储气罐放置地点应通风,严禁日光曝晒和高温烘烤。

(12)在深水处,采用浮式沉井施工时,其沉井下水、浮运及悬浮状态下接高、下沉等,应遵守下列规定。

1)浮式沉井在下水前,应进行水密性检查,合格后方可下水。

2)浮式沉井下水前,应制定下水方案。当采用起吊下水时,应对起重设备合理配置使其受力均匀;当河岸有适合坡度,而采用滑移、牵引等措施下水时,必须保证沉井安全,严防倾覆及损伤。

(13)浮式沉井定位落床前,应考虑潮水涨落的影响。沉井落床后,应采取措施,使其尽快下沉,并使沉井达到保持稳定的深度。

(14)船上(或支架平台上)制造完成的浮式沉井,下水时宜在水面波浪较小时进行,当有船只驶过时,应暂缓入水。

怎样才能保障钻孔灌注桩基础施工的安全?

(1)钻孔机械就位后,应对钻机及配套设备进行全面检查。钻机安设必须平稳、牢固；钻架应加设斜撑或缆风绳。

(2)冲击钻孔，选用的钻锥、卷扬机和钢丝绳等，应配置适当，钢丝绳与钻锥用绳卡固接时，绳卡数量应与钢丝绳直径相匹配。冲击过程中，钢丝绳的松弛度应掌握适宜。

(3)正、反循环钻机及潜水钻机使用的电缆线要定期检查，接头必须绑扎牢固，确保不透水、不漏电；对经常处于水、泥浆浸泡处应架空搭设。挪移钻机时，不得挤压电缆线及风水管路。

(4)潜水钻机钻孔时，一般在完成一根钻孔桩时要检查一次电机的封闭状况。钻进速度应根据地质变化加以控制，以保证安全运转。

(5)采用冲抓或冲击钻孔当钻头提到接近护筒底缘时，应减速、平稳提升，不得碰撞护筒和钩挂护筒底缘。

(6)钻孔使用的泥浆，宜设置泥浆循环净化系统，并注意防止或减少环境污染。

(7)钻机停钻，必须将钻头提出孔外，置于钻架上，不得滞留孔内。

(8)对于已埋设护筒未开钻或已成桩护筒尚未拔除的，应加设护筒顶盖或铺设安全网遮罩。

怎样才能保障沉入桩基础施工的安全？

(1)钢筋混凝土桩、预应力混凝土桩采用锤击沉桩或震动沉桩时，施工场地应保持平整清洁。打桩机的移动轨道，铺设要平顺、轨距要准确、钢轨要钉牢，轨道端部应设止轮器。

(2)打桩架移动时，应在现场施工负责人指挥下进行。桩架移动应平稳，桩锤必须放在最低位置，柴油打桩机后部的配重铁必须齐全。采用滚杠滑移打桩架作业时，作业人员不得在打桩架内操作。

(3)水上打桩平台，必须搭设牢固，打桩机底座与平台应连接牢靠。

(4)浮式沉桩设备沉桩时，桩架与船体必须连接紧固。船体定位后，应以锚缆封固，并应防止施工中浮船晃动。

(5)起吊沉桩或桩锤时，严禁作业人员在吊钩下或在桩架龙门口处停留或作业。

(6)打桩架及起重工具，应经常检查维修，桩锤检查维修，必须将桩锤放落在地面或平台上，严禁在悬挂状态下维修桩锤。

(7)采用高压水泵等助沉措施，其高压水泵的压力表、安全阀、水泵、输水管道及水压等应符合安全要求。高压射水辅助沉桩，应根据地质情况采用相应的压力，并要防止因急剧下沉造成桩架倾倒。射水沉桩，应在桩身入土达到稳定时再射水。

(8)震动打桩机开动后，作业人员应暂离基桩。震打中如发现桩回跳、打桩机有异声及其他不正常情况时，应立即停震，并经检查处理后再继续作业。所有开、停震必须听从指挥。

(9)震动打桩机在停止作业后，应立即切断动力源。

怎样才能保障挖孔、沉管灌注桩基础施工的安全？

(1)挖孔灌注桩，宜在无水或少水的密实土层或岩层中施工。挖孔较深或有渗水时，应采取孔壁支护及排水、降水等措施，严防坍孔。

(2)人工挖孔：对孔壁的稳定及吊具设备等，应经常检查。孔顶出土机具应有专人管理，并设置高出地面的围栏；孔口不得堆集土渣及沉重机具；作业人员的出入，应设常备的梯子；夜间作业应悬挂示警红灯；挖孔暂停时，孔口应设置罩盖及标志。

(3)孔内挖土人员的头顶部位应设置护盖。取土吊斗升降时，挖土人员应在护盖下面工作。相邻两孔中，一孔进行浇筑混凝土时，另一孔的挖孔人员应停止作业，并撤出井孔。

(4)人工挖孔，除应经常检查孔内的气体情况外，并应遵守下列规定。

1)挖扎人员下孔作业前，应先用鼓风机将孔内空气排出更换。

2)二氧化碳含量超过0.3%时，应采取通风措施。对含量虽不超过规定，但作业人员有呼吸不适感觉时，亦应采取通风或换班作业等措施。

3)空气污染超过表 2—1 规定空气污染三级标准浓度值时，如没有安全可靠的措施不得采取人工挖孔作业。

(5)人工挖孔深度超过 10 m 时，应采用机械通风。当使用风镐凿岩时，应加大送风量，吹排凿岩产生的石粉。人工挖孔最深不宜大于 15 m。

表 2—1　空气污染物三级标准浓度限值

污染物名称	浓度限值(mm · m^{3})			
	取值时间	一级标准	二级标准	三级标准
总悬浮微粒	日平均	0.15	0.30	.050
	任何一次	0.30	1.00	1.50
飘　尘	日平均	0.05	0.15	0.25
	任何一次	0.15	0.50	0.70
	年日平均	0.02	0.06	0.10
二氧化硫	日平均	0.05	0.15	0.25
	任何一次	0.15	0.50	0.70
氮氧化物	日平均	0.05	0.10	0.15
	任何一次	0.10	0.10	0.30
一氧化碳	日平均	4.00	4.00	6.00
	任何一次	10.00	10.00	20.00
光化学氧化剂(O_3)	1 小时平均	0.12	0.16	0.20

注：1.“日平均”为任何一日的平均浓度不许超过的限值。

2.“任何一次”为任何一次采样测定不许超过的浓度限值。不同污染物“任何一次”采样时间见有关规定。

3.“年日平均”为任何一年的日平均浓度均值不许超过的限值。

(6)挖孔桩孔内岩石需要爆破时，应采取浅眼爆破法，严格控制炸药用量，并按国家现行的《爆破安全规程》(GB 6722—2003)中的有关规定办理。

(7)沉管灌注桩采用震拔机,锤击或震动沉管施工时,按相关规定办理。施工前,应检查管节与桩帽连接是否牢靠,桩尖分瓣是否灵活。所有机械与作业平台应稳定牢固。

怎样才能保障拔桩施工的安全?

(1)采用人字桅杆、卷扬机进行拔桩时,应先计算拔桩力,然后根据上拔力的大小,配备适当功率的卷扬机和滑车组。拔桩时,人字桅杆滑车组要尽量靠近被拔桩的中心。试拔中如发现缆风绳受力过大或地锚松动时,应在采取措施后再作业。

(2)采用锚固桩或顶梁千斤顶施力拔桩时,被拔桩及锚固桩的各连接处必须牢固。千斤顶的置放点,应避免偏心。

(3)采用吊机船进行拔桩时,吊机应配超载限制器,作业中应指派人员经常检查船体的平衡稳定情况。起重机配合震拔机拔桩时,起重机应随震拔机的启动而逐渐加荷。

(4)对较难拔出的桩,可采用震动、射水、千斤顶先顶松动以及桩外浅挖等措施,严禁硬拔。上述方法的采用均应符合有关安全规定的要求。

怎样才能保障管柱基础施工的安全?

(1)管柱震动下沉作业,对邻近的建(构)筑物、临时设施的安全和稳定有影响时,应采取安全防护措施。

(2)施工所用的机具设备,应经检查合格后方可作业。

(3)管柱施工的作业平台,除设护栏外,双层或高处作业点等危险部位均应悬挂安全网,并在作业区配备救护船只。

怎样才能保障就地浇筑墩(台)施工的安全?

(1)施工前必须搭好脚手架及作业平台,并在平台外侧设栏杆。墩高在10 m以上时,应加设安全网。

(2)吊斗升降应设专人指挥。落斗前,下部的作业人员必须躲开,不得身倚栏杆推动吊斗。严禁吊斗碰撞模板及脚手架。

怎样才能保障砌筑墩(台)施工的安全?

(1)人工、手推车推(抬)运石块或预制块件时,脚手跳板应铺满,其宽度、坡度及强度等应满足安全要求。脚手架和作业平台上堆放的物品不得超过设计荷载。砌筑材料应随运随砌。

(2)吊机、桅杆吊运砌筑材料时,应听从指挥信号。砌筑材料吊运到砌筑面时,作业人员应避让,待停稳后方可上前砌筑。

(3)人工抬运大块石料时,应捆绑牢靠,动作协调一致,缓慢平放。

怎样才能保障墩(台)工程中滑模施工的安全?

(1)高桥墩(台)、塔墩、索塔等高层结构,采用滑升模板施工时,除应遵守"高处作业"的安全规定外,并需根据工程特点,编制单项施工方案及其安全技术措施,并向参加滑模施工人员进行安全技术交底。

(2)滑模及提升结构应按设计制作与施工。作业前应对滑模、提升结构进行检查。

(3)当塔墩等高层建筑采用爬模施工方法时,应进行特殊设计,在工厂制作。爬升架体系、操作平台、脚手架等,要保证具有足够的刚度和安全度。架体提升时,要另设保险装置。模板爬升,作业人员不得站在爬升的模板或爬架上。

(4)液压系统组装完毕后，必须进行全面检查。施工过程中，液压设备应由专人操作，并应经常维护，发现问题及时处理。

(5)模板提升到 2 m 高以后，应安装好内外吊架、脚手架，铺好脚手板，挂设安全网。

(6)混凝土浇筑，不得用大罐漏斗直接灌入，不冲击模板。振捣时，不得震动支撑杆、钢筋及模板。提升模板时不得进行振捣。

(7)模板每次提升前，应进行检查，排除故障，观察偏斜数值。提升时，千斤顶应同步作业。

(8)施工中发现支撑杆有弯曲变形时应及时加固。

(9)操作平台的水平度、倾斜度应经常检查，发现问题应及时采取措施。

(10)主要机具、电器、运输设备等，应定机定人，严格执行交接班制度。接班时，必须对机具检查一次，并做好记录。

(11)平台上应规定人群荷载和堆放材料的限量标准。材料要均匀摆放，不得多人聚集一处。

(12)墩上养生人员必须系好安全带。输水管路及其他设备应拴绑牢固。

(13)运送人员、材料的罐笼或外用电梯，应有安全卡、限位开关等安全装置。

(14)夜间施工应有足够的照明，在人员上下及运输过道处，均应设置固定的照明设施。

(15)拆除滑模设备时，应做好安全防护措施。拆除时可视吊装设备能力，分组拆除或吊至地面上解体，以减少高处作业量和杆件变形。拆除现场应划定警戒区。警戒线到建筑物边缘的安全距离不得小于 10 m。

怎样才能保障预制构件安装施工的安全？

(1)装配式构件（梁、板）的安装，应制订安装方案，并建立统一的指挥系统。施工难度、危险性较大的作业项目应组织培训。

(2)吊装偏心构件时，应使用可调整偏心的吊具进行吊装。安装的构件应平起稳落。

(3)单导梁、墩顶龙门架安装构件时，应符合下列规定。

1)导梁组装时，各节点应联结牢固，在桥跨中推进时，悬臂部分不得超过已拼好导梁全长的1/3。

2)墩顶(或临时墩顶)导梁通过的导轮支座必须牢固可靠。导梁接近导轮时，应采取渐进的方法进入导轮。导梁推进到位后，用千斤顶顶升，将导梁置于稳定的木垛上。

3)导梁上的轨道应平行等距铺设，使用不同规格的钢轨时，其接头处应妥善处理，不得有错台。

4)墩顶龙门架使用托架托运时，托架两端应保持平衡稳定，行进速度应缓慢。龙门架落位后应立即与墩顶预埋件联结，并系好缆风绳。

5)构件在预制场地起重装车后，牵引至导梁时，行进速度不得大于5 m/min，到达安装位置后，平车行走轮应用木楔楔紧。

6)构件起吊横移就位后，应加设支撑、垫木，以保持构件稳定。

7)龙门架顶横移轨道的两端应设置制动枕木。

(4)预制场采用千斤顶顶升构件装车及双导梁、桁梁安装构件时，应符合下列规定。

1)千斤顶在使用前，要做承载试验。起重吨位不得小于顶升构件的1.2倍千斤顶一次顶升高度应为活塞行程的1/3。

2)千斤顶的升降应随时加设或抽出保险垫木，构件底面与保险垫木间的距离宜控制在5 cm之内。

3)构件进入落梁架(或其他装载工具)横移到位时，应保持构件在落梁时的平衡稳定。

4)顶升T型梁、箱梁等大吨位构件时，必须在梁两端加设支撑；构件两端不得同时顶起或下落，一端顶升时，另一端应支稳、撑牢。

5)预制场和墩顶装载构件的滑移设备要有足够的强度和稳定性，牵引(或顶推)构件滑移时，施力要均匀。

6)双导梁向前推进中，应保持两导梁同速进行；各岗位作业人员要精心工作，听从指挥，发现问题及时处理。

7)双导梁进入墩顶导轮支座前、后，应采取与单导梁相同的措施。

(5)架桥机安装构件时,应符合下列规定。

1)架桥机组拼(或定型产品)、悬臂牵引中的平衡稳定及机具配备等,均应按设计要求进行。

2)架桥机就位后,为保持前后支点的稳定,应用方木支垫。前后支点处,还应用缆风绳封固于墩顶两侧。

3)构件在架桥机上纵、横向移动时,应平缓进行,卷扬机操作人员应按指挥信号协同动作。

4)全幅宽架桥机吊装的边梁就位前,墩顶作业人员应暂时避开。

5)横移不能一次到位的构件,操作人员应将滑道板、落梁架等准备好,待构件落入后,再进入作业点进行构件顶推(或牵引)横移等项工作。

(6)跨墩龙门架安装构件时,应根据龙门架的高度、跨度,采取相应的安全措施,确保构件起吊和横移时的稳定。构件吊至墩顶,应慢速、平稳地缓落。

(7)安装大型盆式橡胶支座,墩上两侧应搭设操作平台,墩顶作业人员应待支座吊至墩顶稳定后再扶正就位。

(8)龙门架、架桥机等设备拆除前应切断电源。拆除龙门架时应将龙门架底部垫实,并在龙门架顶部拉好缆风绳和安装临时连接梁。拆下的杆件、螺栓、材料等应捆好向下吊放。

(9)安装涵洞预制盖板时,应用撬棍等工具拨移就位。单面配筋的盖板上应标明起吊标志。吊装涵管应绑扎牢固。

(10)人工抬运安装涵洞盖板时,作业区道路应平整。

怎样才能保障就地浇筑上部结构施工的安全?

(1)钢筋混凝土或预应力混凝土就地浇筑时,作业前应对机具设备及防护设施等进行检查。对施工工艺及技术复杂的工程制订的安全技术措施及安全操作细则等,应进行技术交底。

(2)就地浇筑的桥涵上部结构,施工中应随时检查支架和模板,发现异常状况应及时采取措施。

怎样才能保障悬臂浇筑法施工的安全？

(1)悬臂浇筑采用桁架挂篮施工时，应遵守下列规定。

1)施工前，制订安全技术措施；挂篮组拼后，要进行全面检查，并做静载试验。

2)在墩上进行零号块施工并以斜拉托架做施工平台时，在平台边缘处，应设安全防护设施。墩身两侧斜拉托架平台之间搭设的人行道板必须连接牢固。

3)使用的机具设备(如千斤顶、滑车、手拉葫芦、钢丝绳等)，应进行检查，不符合安全规定的严禁使用。

4)检查墩身预埋件和斜拉钢带的位置及坚固程度，是否符合设计要求。

(2)双层作业时，操作人员必须严守各自岗位职责，并应防止铁件工具掉落等。

(3)挂篮拼装及悬臂组装中，应根据作业点的具体情况设置安全防护设施。

(4)挂篮使用时，后锚固筋、张拉平台的保险绳等应经常检查。底模标高调整时，应设专人统一指挥，且作业人员应站在铺设稳固的脚手板上。

(5)挂篮行走时，要缓慢进行，速度应控制在 0.1 m/min 以内。挂篮后部各设一组溜绳，以保安全。滑道要铺设平整、顺直，不得偏移。挂篮桁架行走和浇筑混凝土时，其稳定系数应符合下列规定。

挂篮的设计要求：挂篮质量与梁段混凝土的质量比值宜控制在 0.3～0.5 之间，特殊情况下也不应超过 0.7。主要设计参数如下。

挂篮总重控制在设计限重之内。

允许最大变形(包括吊带变形的总和)：20 mm。

施工时、行走时的抗倾覆安全系数：2。

自锚固系统的安全系数：2。

斜拉水平限位系统安全系数：2。

上水平限位安全系数:2。

(6)如需在挂篮上另行增加设施(如防雨篷、立井架、防寒篷等)时,不得损坏挂篮结构及改变其受力形式。

(7)使用水箱作平衡重施工时,其位置、加水量等,应符合设计要求。给排水设施和方法,应稳妥可靠。施工中,对上述情况要经常进行检查。

(8)在底模荡移前,必须详细检查挂篮位置、后端压重、后锚及吊杆安装情况,确认安全后,方可荡移。

(9)箱梁混凝土接触面的凿毛作业人员要有安全防护设施。

(10)滑动斜拉式挂篮施工,应遵守下列规定。

1)滑动斜拉式挂篮的所有活动铰、销、斜拉钢带等,其材质要经检验,并打上标记。

2)主梁及其吊梁系统安装后,应进行全面检查,必要时应做加载试验。自行设计、加工的挂篮,首次使用前,应按最大施工荷载进行加载试验。

3)挂篮安装时或主梁行走到位后,应先安装好锚固和水平限位装置,再安装斜拉带和悬挂底模平台。

4)在斜拉带安装和使用过程中,要注意检查,保持内外斜拉带受力均衡。

5)底模和侧模沿滑梁行走前,需将斜拉带和后吊带拆除;用手拉葫芦起降和悬吊底模平台时,必须在挂手拉葫芦的位置加设保险绳。

6)挂篮行走前应检查后锚固及各部受力情况,发现隐患应及时处理。行走时亦应密切注意有无异状,并慢速稳步到位。

7)浇筑混凝土前,应对挂篮锚固、水平限位、吊带和限位装置进行全面检查。

怎样才能保障悬臂拼装法施工的安全?

(1)悬臂拼装。

1)吊机的定位、锚固应按设计进行,并进行静载试验。

2)拼装使用的机具设备均应经过检查,如有隐患及不符合安全规定时不得使用。

3)构件起吊前,应对构件进行全面检查,如吊环部位有无损伤、结合面有无突出外露物,构件上有无浮置物件等。

4)构件应垂直起吊,并保持平衡稳定。在接近安装部位时,不得碰撞已安完的构件和其他作业设施。

5)运送构件的车辆,构件起升后(或船只)应迅速撤出。

6)遇有下列情况时,现场指挥人员必须在构件妥善处理后,暂时停止吊装作业。

①天气突然变化,影响作业安全。

②卷扬机、电机过热,或其他机械设备出现故障等。

(2)拆除硫黄砂浆临时支座。

1)融化硫黄砂浆垫块采用电热法时,电热丝不得与其他金属物接触。

2)作业时人员应站在上风处操作,并应佩戴安全防护用品。

3)人工凿除时,人员站位要拉开距离。

怎样才能保障缆索吊装法施工的安全?

(1)吊装前应对碑工人员进行安全教育。安装时应有统一的指挥信号。登高操作人员应携带工具袋。安全带不得挂在主索、扣索、缆风绳等上面。

(2)牵引卷扬机启动要缓慢,行进速度要平稳;构件在吊运时,起重卷扬机要协调配合,并控制好构件在空中的位置。起重卷扬机不得突然起升和下降构件,避免产生过大弹跳。构件吊运至安装部位时,作业人员要等构件稳定后再进行操作。

(3)构件不能垂直就位而需旁侧主索吊具协助斜拉时,指挥信号要明确,各组卷扬机要协调动作。

(4)缆索吊装大型构件时,应事先检查塔架、地锚、扣架、滑车、钢丝绳等机具设备。正式吊装前应经吊载试运行后方可正式作业。

(5)缆索跨越公路、铁路时,应搭设架空防护支架。在靠近街道和村屯的地方应设立警示标志。

(6)在主航道上空吊装重大构件时,宜采取临时封航措施。

怎样才能保障顶推及滑移模架法施工的安全?

(1)顶推法施工时,桥台后面的预制场地应平整、无杂物,工具、材料等应随时堆放整齐,并保持运输通道畅通。在墩台上,要为检查、更换滑道及其他作业留有工作面。

(2)顶推施工所用的机具设备、材料(如:拉锚器、工具锚、连接件、油压千斤顶、高压油泵、油管、压力表及滑动装置等)使用前,应全面检查,必要时应做试验。

(3)使用的油压千斤顶,应附有球形支承垫、保险圈及升程限孔。多台千斤顶共同作用时应选用同一类型。

(4)采用多点预推或单点顶推,其动力应有统一的控制手段,使其达到同步、纠偏、灵活和安全可靠。

(5)顶推施工中应备有现场电话及对讲机等通讯设备,以便于统一指挥。

(6)在各顶推点,应派专人进行测量,随时将墩顶的位移数据报告给指挥人员。

(7)落梁完毕,拆除千斤顶及其他设备时,应先用绳索拴好,用吊机吊出。吊运时,应避免撞击梁体。

(8)梁体进行荷载试验时,应按设计布置。重物应轻放,并防止碰伤人员。

(9)箱梁混凝土采用滑移模架法浇筑,应遵守下列规定。

1)模架支撑于钢箱梁上,其前后端桁架梁必须用优质高强螺栓连接好、拧紧。

2)钢箱梁及桁架梁下弦底面应装设不锈钢带,在滑橇上顶推滑行之前,应检查有无障碍物及不安全因素。

3)浇筑混凝土之前应进行全面的安全检查,确认合格后方可施工。

4)牵引后横梁和装卸滑橇时,要有起重工协同配合作业。牵引时应注意牵引力作用点，使后横梁在运行时与桥轴线保持垂直。

5)滑移模架行走时必须听从信号指挥。对重要部位应设专人负责值班观察，并注意人员及设备的安全。

(10)涵管采用顶入法施工时，施工前应做好施工点的调查。对顶入涵管的原有通车公路、铁路路段，应与当地公路、铁路部门联系，并签订施工协议。施工前应采取必要的加固措施，以保证顶入作业中通车线路的安全。当火车、汽车通过时，应暂停挖土或顶入，必要时作业人员应暂时离开作业面。

(11)顶入工作坑的边坡，应视土质情况而定。靠铁路、公路一侧的边坡，其上端距铁路或公路路面边缘的距离，不得小于《公路桥涵施工技术规范》(JTG/T F50－2011)的规定。工作坑的后背墙(后背梁)应采取安全防护措施。

(12)为避免边缘坍陷，在工作坑坡顶的一定范围内，不得堆放弃土、料具。

(13)顶入法施工的现场应备有一定数量的木料或草袋，以备因雨水或其他原因引起路基变形时抢修加固路基，确保线路行车安全。

(14)顶入施工应连续进行。施工中要防止地下渗水造成路基坍塌。顶入作业时遇有发生坍方、设备扭曲变形时应停止作业。

(15)机械挖土不得碰撞已挖好的洞内土壁。人工清理开挖面时，机械应及时退出。

(16)施顶时非作业人员应撤离工作坑。严禁作业人员跨越或接近顶铁。

(17)顶入机械发生故障时应停机检修，严禁带病作业。

(18)顶入施工的接缝应采取封闭措施，以防土石方掉落伤人。

(19)施工中地下水位较高时，应有防止坍方、流砂等安全防护措施。顶入法施工，不宜在雨季进行。

怎样才能保障转体法及拖拉法施工的安全？

(1)预制钢筋混凝土或预应力混凝土上部结构，采用转体架桥法或纵横向拖拉法施工时，除按设计要求进行施工外，搭设支架(或拱架)、支立模板、绑扎钢筋、焊接、预应力张拉及浇筑混凝土等，均应按规定办理。

(2)转体法修建大跨径拱桥应建立统一的指挥机构并配备通讯联络工具。

(3)平转法施工，悬臂体应转动方便，并符合安全施工的要求。转体时悬臂端应设缆风绳。

(4)平衡重转体施工前应先利用配重做试验，进行试转动，检查转体是否平衡稳定。试转的角度应大于实际需要转动的角度，如不符合要求时应进行调整。

(5)环道上的滑道，其平整度应严格控制。如上下游拱肋需同时作配重转体时，应采用型号相同的卷扬机，同步、同速、平衡转动。重量大的转体转动前应先用千斤顶将转盘顶转后，再由卷扬机牵引。

(6)无平衡重平转法施工的扣索张拉时，应检查支撑、锚梁、锚碇、拱体等，确认安全后方可施工。

(7)采用纵向、横向拖拉法架梁时，施工前应全面检查所用机具设备及各项安全防护设施的落实情况，

(8)使用万能杆件或枕木垛作滑道支撑墩时，其基础必须稳固。枕木垛应垫密实，必要时应做压重试验。

(9)梁体及构件运行滑道应按设计铺设。采用滑板和辊轴时，滑板应铺平稳。梁体、构件拖拉或横移到达前方墩台时，应采取引导措施，便于辊轴进入悬臂端的滑道内。搬抬辊轴时，作业人员要配合好，并注意人身安全。

(10)拖拉或横移施工中，应经常检查钢丝绳、滑车、卷扬机等机具设备是否完好，发现问题应及时处理。施工中，钢丝绳附近不得站人，作业区无关人员不得进入。

(11)拖拉或横移施工中，应听从统一指挥，发现问题或隐患，应及时报告，并随时处理。

怎样才能保障预应力张拉法施工的安全?

(1)预应力钢束(钢丝束、钢绞线)张拉施工前,应遵守下列规定。

1)张拉作业区,无关人员不得进入。

2)检查张拉设备、工具(如千斤顶、油泵、压力表、油管、顶楔器及液控顶压阀等)是否符合施工及安全的要求。压力表应按规定周期进行检定。

3)锚环及锚塞使用前应经检验,合格后方可使用。

4)高压油泵与千斤顶之间的连接点,各接口必须完好无损。油泵操作人员要戴防护眼镜。

5)油泵开动时,进、回油速度与压力表指针升降,应平稳、均匀一致。安全阀要经常保持灵敏可靠。

6)张拉前,操作人员要确定联络信号。张拉两端相距较远时,宜设对讲机等通讯设备。

(2)在已拼装或悬浇的箱梁上进行张拉作业,其张拉作业平台、拉伸机支架要搭设牢固,平台四周应加设护栏。高处作业时,应设上下扶梯及安全风。施工的吊篮,应安挂牢固,必要时可另备安全保险设施。张拉时千斤顶的对面及后面严禁站人,作业人员应站在千斤顶的两侧。

(3)张拉操作中若出现异常现象(如油表震动剧烈、发生漏油、电机声音异常、发生断丝、滑丝等),应立即停机进行检查。

(4)张拉钢束完毕,退销时应采取安全防护措施。人工拆卸销子时,不得强击。

(5)张拉完毕后,对张拉施锚两端,应妥善保护,不得压重物。管道尚未灌浆前,梁端应设围护和挡板。严禁撞击锚具、钢束及钢筋。

(6)先张法张拉施工时,除按有关规定施工外,还应做到。

1)张拉前,对台座、横梁等进行检查。

2)先张法张拉中和未浇混凝土之前,周围不得站人和进行其他作业。浇筑混凝土时，振捣器不得撞击钢丝（钢束）。用卷扬机滑轮组张拉小型构件时，张拉完成后应切断电源和卡固钢丝绳。

（7）精轧螺纹钢筋张拉前，除对张拉台座检查外，还应对锚具、连接器进行检查、试验。

（8）预应力钢筋冷拉时，在千斤顶的端部及非张拉端部，均不得站人。

（9）钢筋张拉或冷拉时，螺丝端杆、套筒螺丝必须有足够的长度；夹具应有足够的夹紧能力，防止锚夹不牢而滑出。

（10）管道压浆时，应严格按规定压力进行。施压前应调整好安全阀。关闭阀门时，作业人员应站在侧面。

怎样才能保障拱桥施工的安全？

（1）拱架应具有足够的强度、刚度和稳定性。拱架须经验算，必要时应经试验或预压，并应满足防洪、流冰、排水、通航等安全要求。采用土牛拱架时，亦应采用相应的安全措施，保证拱圈砌筑的安全。

（2）拱架安装及拆除的方法及程序，应符合有关安全规定的要求。

（3）拱石加工时，应注意锤头或飞石伤人，作业人员应保持一定的安全距离。

（4）拱石或预制混凝土块，应按砌筑程序编号，依次运到工地，随用随运，不得过多地堆积在拱架或脚手架上，抬运块件不得碰撞拱架。

（5）砌筑拱圈，应按施工要求搭设脚手架及作业平台。拱上建筑施工必须严格按设计加载程序分段、对称进行。

（6）拱圈砌筑，应随时用仪器观测拱架变形状况，必要时应进行调整，以控制拱圈变形过大。卸架装置应有专人负责检查。

（7）拱架拆除工作必须按设计程序进行。拱架脱离拱圈时，应经检查确认安全后方可继续进行拱架拆除工作。拱架拆除时，应听从统一指挥。严禁在拱架上、下同时进行作业，并严禁使用机械强拽拱架，使之倾倒的做法。

(8)无支架拱桥施工时,应遵守下列规定。

1)大中跨径拱桥施工,应验算拱圈的横向稳定性。分段吊装的单肋合拢后应用缆风绳稳固。第二肋安装后应用横夹木临时横向联结。

2)双曲拱、箱形拱、纵横向悬砌拱桥施工时,在墩、台顶设置的扣架底部固定应牢靠,架顶应设缆风绳;缆风绳设置必须对称,缆风地锚环应埋设坚固。

3)在河流中设置缆风绳时,必须采取可靠的防护措施。

怎样才能保障跨线桥及通道桥涵施工的安全?

(1)公路桥跨越铁路或其他线路时,施工前应与铁路或其他有关部门协商有关事宜,并签订必要的安全协议。其内容应包括利用列车间隔时间进行安装的计划、安全防护以及在发生紧急情况时的应急处理措施等。

(2)在铁路路基附近挖基、钻孔时,不得损坏铁路的各种信号设施,不得影响行车的瞭望视线。作业处应设围栏、支撑及其他安全防护措施。施工中应防止列车震动导致基础坍陷或路基坍方。

(3)对上面作业、下面通行车辆或行人的跨越铁路或公路立交桥施工时,除设置防护设施外,并设岗哨监视管理。

(4)对结构复杂,施工期较长的大型立交桥施工,其安全防护设施必须完善,制订的跨越铁路的架梁吊装方案必须安全可靠。尽量避免在列车通过的情况下进行吊梁安装作业。

怎样才能保障斜拉桥、悬索桥施工的安全?

(1)斜拉桥和悬索桥施工,应根据结构、高度及施工工艺制订相应的安全技术措施和操作细则。

(2)电气设备和线路的绝缘必须良好,各种电动机械必须接地,接地电阻不得大于 4 Ω。电气设备和线路检修时,应先切断电源。

(3)施工现场要有防火措施并备有灭火器材,要防止电焊火花溅落在易燃物料上。

(4)施工期间宜与当地气象台站建立联系，做好灾害性天气的预防工作。

(5)斜拉桥的斜拉索如为工地自行制作时，应符合下列规定。

1)编束时宜用梳型板梳编，每1.5～2.0 m段用铁丝绑扎，防止扭曲。

2)冷铸墩头锚在环氧树脂高温固化时，应确保控温仪的精密度和实际通电时间。

3)制成的斜拉索应架空放置，严防在地面上拖拉或硬性弯折。

4)斜拉索制成后，应进行预拉以检查冷铸锚。测定每索钢丝拉力、延伸和回缩。测定的钢索测力仪的读数，以便正式张拉时校核。

(6)采用成品斜拉索时应符合下列规定。

1)放索时应有制动设施，并应防止卷盘的缆索自由散开时造成伤害。

2)放开展平的缆索应防止在地面上拖磨。

3)锚头应加设防护，防止碰撞。

4)缆索应保持顺直，不得扭曲。

(7)预应力混凝土斜拉桥采用挂篮悬臂浇筑时，应按有关规定施工。

(8)采用钢迭合梁或钢与钢筋混凝土迭合梁施工时，应符合下列规定。

1)成品钢构件应编号成套，对号存放，防止损坏变形。

2)起吊前应了解所吊构件的重量、重心位置，以采用相适应的起吊方法。

3)构件组拼前应进行全面检查，如有缺陷、变形，应在组拼前加以矫正。

4)钢构件组拼时，必须用足够的定位冲钉定位。钢构件全部插入高强螺栓后，方可松除吊钩。

(9)悬索桥施工中临时架设的工作索、牵引索安装完成后，应对索具、吊具等进行全面检查。施工中使用的吊篮、平台等应具有足够的强度，设置的防护围栏高度不得小于1.0 m。

(10)索夹及索夹螺栓，应经检查合格后使用。索夹安装应与主索连接紧密，确保吊杆承载后不滑移。为防止主索磨损，可在索夹与主索之间垫物隔离。

(11)索塔应设置上下扶梯和塔顶作业平台。索鞍的安装应保证位置准确。

(12)纵、横梁吊装时,应加强作业中的安全防护,已安装的横梁应随时联结风构斜撑。

(13)悬索桥采用重力式锚碇时,锚碇体的施工应按有关规定进行混凝土浇筑或砌体工程。锚碇体必须达到坚实牢固,标高、倾角等应符合设计要求。山峒式锚碇在开凿及爆破作业中,应符合下列要求。

1)爆破器材及其现场加工、存放。

①硐室爆破使用的炸药、雷管、导爆索、导爆管、连接头、电线、起爆器、量测仪表,均应经现场检验合格者方可使用。

②不应在硐室内和施工现场改装起爆体和起爆器材。

③在爆破作业场地附近,应按要求设置爆破器材临时存放场地,场内应清除一切妨碍运药和作业人员通告的障碍物。

2)爆破时间。爆破指挥部应了解当气象情况,使装药、填塞、起爆的时间避开雷电、狂风、暴雨、大雪等恶劣天气。

3)起爆体的加工。

①起爆体应在专门的场所,由熟练的爆破员加工。加工起爆体时,应一人操作,一人监督,在周围 50 m 以外设置警戒,无关人员不准许进入。

②加工起爆体使用的雷管应逐个挑选。装入起爆体内的电雷管脚线长度应为 20～30 cm,起爆体加工完后应重新测量电阻值。加工好的起爆体上应标明药包编号、雷管段别和电雷管起爆体装配电阻值。

③置于起爆体内的电雷管与连接线接头,应严密包扎,不应有药粉进入接头中,接头不应在搬运和连线时承受拉力。

④起爆体外壳宜用木箱或硬纸箱制成,其内装满经选择的优质炸药,每个起爆体炸药量不宜超过 20 kg。

⑤应在起爆体(箱子端面)开口引出导线(管)和导爆索,并将其在开口处锁定,拉动导线和导爆索时箱内雷管不应受力。

⑥起爆雷管与导爆索结、电线连接头紧密捆绑,且固定在木

箱中。

⑦起爆体包装应有防潮防水措施。

4)装药。

①每个导硐口或小井口应设专门标志,标明导硐或小井的编号,各药室的编号、设计炸药品种和数量,起爆体雷管段别;有专人负责记录实际装入各药室的炸药品种、数量和起爆体雷管段别,与设计数量核对无误后,方允许填卡、签字或盖章,交爆破工程技术人员或爆破工作负责人。

爆破工程技术人员或爆破工作负责人,应随时检查、核实各硐室的装药量和起爆体雷管段别及其安放和连接是否正确。

②药室的装药作业,应由爆破员或爆破员带领经过培训的人员进行。安装、连接起爆体的作业,应由爆破员进行,安装前应再次确认起爆体的雷管段别是否正确。

③硐室装药,应使用 36 V 以下的低压电源照明,照明线路应绝缘良好,照明灯应设保护网,灯泡与炸药堆之间的水平距离不应小于 2 m。装药人员离开硐室时、应将照明电源切断拆除一切金属导体,并应采用蓄电池灯、安全灯或绝缘的手电筒照明。

装有电雷管的起爆药包或起爆体运入前,应切断一切电源,拆除一切金属导体,并应采用蓄电池灯、安全灯或绝缘的手电筒照明。

装药和填塞过程中不应使用明火照明。

④夜间装药,硐外可采用普通电源照明。照明灯应设保护网,线路应采用绝缘胶线,灯具和线路与炸药堆和硐口之间的水平距离应大于 20 m。

⑤硐室内有水时,应进行排水或对非防水炸药采取防水措施。潮湿的硐室,不应散装非防水炸药。

⑥硐室装药应装炸药成袋(包)码放整齐,相互密贴,威力较低的炸药放在药室周边,威力较高的炸药放置在正、副起爆体和导爆索的周围,起爆体应按设计要求安放。

⑦不耦合装药条形药包的炸药宜放置在靠近抵抗线的一侧。

⑧用人力往导硐或小井口搬运炸药时,每人每次搬运量不应超过两箱(袋),搬运工人行进中,应保持 1 m 以上的间距,上下坡时应保持 5 m 的间距。

往硐室运送炸药时，不应与雷管混合运送；起爆体、超爆药包或已经接好的起爆雷管，应由爆破员携带运送。

5）填塞。

①填塞工作开始前，应在导硐或小井口附近备足填塞材料。

②填塞料宜利用开挖导硐和药室时的弃渣，或外挖碎块砂石土；不应使用腐殖土、草根等比重轻的材料。

③平硐填塞，应在导硐内壁上标明按设计规定的填塞位置和长度。

④填塞时，药室口和填塞段各端面应采用装有砂、碎石的编织袋堆砌，其顶部用袋料码砌填实不应留空隙。

⑤在有水的导硐和药室中填塞时，应在填塞段底部留一排水沟，并随时注意填塞过程中的流水情况，防止排水沟堵塞。

⑥小井填塞，应先将横硐部分按平硐填塞要求进行填塞。

⑦填塞时，应保护好从药室引出的起爆网路，保证起爆网路不受损坏。

⑧填塞时，应有专人负责检查填塞质量。填塞完毕，应进行验收。

6）起爆网路与起爆。

①硐室爆破应采用复式起爆网路，装药连线时操作人员应佩戴标志，未经爆破工作领导人批准，一切人员不得进入爆破现场。

②电力起爆网路的所有导线接头，均应按电工接线法连接，并确保其对外绝缘。在潮湿有水的地区，应避免导线接头接触地面或浸泡在水中。

③电力起爆网路的导线不宜使用裸露导线和铝芯线。

④电力起爆网路硐内导线应用绝缘性能良好的铜芯线。

⑤硐室爆破时，所有穿过填塞段的导线、导爆索和导爆管，均应采取保护措施，以防填塞时损坏。非填塞段如有塌方或硐顶掉块的情况，也应对起爆网路采取保护措施。

⑥装入起爆体前、后，以及填塞过程中每填塞一段，均应进行电阻值检测；当发现电阻值有较大的变化时，应立即清查，排除故障后才准许进行下一施工工序。

⑦敷设导爆索起爆网路时，不应使爆索互相交叉或接近；否则，

应用缓冲材料将其隔离，且相互间的距离不得少于 10 cm。

7)警戒。

①爆破安全警戒工作应请当地公安部门配合，成立专门警戒小组，并指定负责人。

②爆破前警戒工作应对设计确定的危险区进行实地勘察，全面掌握爆区警戒范围的情况，核定警戒点和警戒标志的位置，确保能够封闭一切通道。

③各个岗哨应由指挥部统一编号，岗哨之间和岗哨与指挥部之间应建立通讯联络，警戒人员应将本岗位警戒监视情况随时向指挥部报告。

④警戒人员应在起爆前至少 1 h 到达指定地点，按设计警戒点和规定时间封闭通往或经过爆区的通道，使所有通向爆区的道路处于被监视之下，并在爆破危险区边界设立明显的警戒标志(警示牌、路障等)。在道路路口和危险区入口，应设立警戒岗哨，在危险区边界外围设立流动监视岗哨。警戒人员应持有警戒旗、哨笛或便携式扩音器，并佩戴袖标。

⑤靠近水域的爆破安全警戒工作，除按以上要求封锁陆岸爆区警戒范围外，还应对水域进行警戒。水域警戒应配有指挥船和巡逻船，其警戒范围由设计确定。

8)爆后检查。

①爆后检查工作由爆破现场技术负责人、起爆站站长和有经验的爆破员组成的检查小组实施，等待时间由设计确定，但不应少于 15 min。

②爆后检查的内容应包括这些内容。是否完全起爆(硐室爆破发生盲炮的表征是：爆破效果与设计有较大差异，爆堆形态和设计有较大的差别，现场发现残药和导爆索残段，爆堆中留有岩坎陡壁)。有无危险边坡、不稳定爆堆、滚石和超范围塌陷。最敏感、最重要的保护对象是否安全。爆区附近有隧道、涵洞和地下采矿场时，应对这些部位进行毒气检查，在检查结果明确之前，应进行局域封锁。

③如果发现或怀疑有拒爆药包，应向指挥长汇报，由其组织有关人员做进一步检查；如果发现有其他不安全因素，应尽快采取措

施进行处理:在上述情况下,不应发出解除警戒信号。

(14)对索塔高度在 20 m 以上或高度不足 20 m 的索塔,当在郊区或平原区施工或附近无高大建筑物提供防雷保护时,索塔仍需设置避雷器,其接地电阻不得大于 10 Ω。

(15)斜拉桥、悬索桥在施工中应配备水上救护船只。

怎样才能保障钢桥施工的安全?

(1)钢梁杆件组装,应在平整的作业台上进行,其基础应有足够的承载力。

(2)钢梁上的各种电动机械和电缆线、照明线路等,必须保持绝缘良好,应有专人值班进行管理。

(3)拼装杆件时,应安好梯子、溜绳、脚手架。斜杆应安拴保险吊具。杆件起吊时,先提升 0.3 m 左右,确认安全后再继续起吊。

(4)装拆脚手架、上紧螺栓、铆合等作业,应上下交替进行,避免双层作业。杆件拼装对孔时,应用冲钉探孔,严禁用手指伸入检查。

(5)杆件对孔作业中,吊车司机、信号员、架梁人员应操作准确,动作协调。

(6)架梁用的扳手、小工具、冲钉及螺栓等物,应使用工具袋装好,严禁抛掷。多余的料具要及时清理,并堆放在安全地点。

(7)在通航的江河上施工,应符合港航监督管理部门的有关安全规定。

(8)钢梁表面涂漆作业,应有防毒保护措施。

怎样才能保障预制构件的轨道平车运输施工的安全?

(1)轨道路基要有足够的宽度、平正度、强度。铺设轨道要平直、圆顺,轨距应在允许误差值之内,轨道半径不得小于 25 m,纵坡不宜大于 2%。轨道与其他道路交叉时,应按规定铺设交叉道口。

(2)轨道平车运输大型构件时,平车的转向托盘(或转盘)支撑制动器等应进行检查。

(3)大型预制构件运输应设专人指挥,并经常检查构件在平车上的稳定状况及轨道平车在运转中有无变形。

(4)构件运输时,速度要缓慢,下坡时要以溜绳控制速度,并用人工拖拉止轮木块跟随前进。当纵坡坡度较大时,必须有相应的安全措施,方可运输。

怎样才能保障预制构件的平板拖车运输施工的安全?

(1)大型预制构件平板拖车运输,时速宜控制在 5 km/h 以内。简支梁的运输,除在横向加斜撑防倾覆外,平板车上的搁置点必须设有转盘。

(2)运输超高、超宽、超长构件时,必须向有关部门申报,经批准后,在指定路线上行驶。牵引车上应悬挂安全标志。超高的部件应有专人照看,并配备适当工具,保证在有障碍物情况下安全通过。

(3)平板拖车运输构件时,除一名驾驶员主驾外,还应指派一名助手,协助瞭望,及时反映安全情况和处理安全事宜。平板拖车上不得坐人。

(4)重车下坡应缓慢行驶,并应避免紧急刹车。驶至转弯或险要地段时,应降低车速,同时注意两侧行人和障碍物。

(5)在雨、雪、雾天通过陡坡时,必须提前采取有效措施。

(6)装卸车应选择平坦、坚实的路面为装卸地点。装卸车时,机车、平板车均应刹闸。

怎样才能保障预制构件的水上运输施工的安全?

(1)驳船装载的预制构件应用撑木、垫木将构件安放平稳。拖轮牵引驳船行进时,速度要缓慢,不得急转弯。

(2)拖轮牵引浮运钢套箱、钢沉井时,应在了解航道的水深、流速等情况后,制订拖轮牵引方案。多只拖轮牵引浮运大型物件时,应配备通讯器材,并建立统一的指挥机构。

(3)钢套箱、钢沉井在浮运中,应根据浮运物件的高度确定顶面露出水面的高度，一般情况下应不小于 1 m。

(4)如需临时封闭航道时，应经港航监督部门的批准。

(5)托运中应派出监护船只检查牵引绳索和浮运物件的稳定情况，发现问题应立即采取措施。

第三章 隧道工程施工安全

怎样才能保障开挖及凿孔施工的安全?

(1)开挖人员到达工作地点时,应首先检查工作面是否处于安全状态,并检查支护是否牢固,顶板和两帮是否稳定,如有松动的石块、土块或裂缝应先予以清除或支护。

(2)人工开挖土质隧道时,操作人员必须互相配合,并保持必要的安全操作距离。

(3)机械凿岩时,宜采用湿式凿岩机或带有捕尘器的凿岩机。

(4)站在渣堆上作业时,应注意渣堆的稳定,防止滑坍伤人。

(5)风钻钻眼时,应先检查机身、螺栓、卡套、弹簧和支架是否正常完好;管子接头是否牢固,有无漏风;钻杆有无不直、带伤以及钻孔堵塞现象;湿式凿岩机的供水是否正常;干式凿岩机的捕尘设施是否良好。不合要求者应予以修理或更换。

(6)带支架的风钻钻眼时,必须将支架安置稳妥。风钻卡钻时应用扳钳松动拔出,不可敲打,未关风前不得拆除钻杆。

(7)电钻钻眼应检查把手胶套的绝缘和防止电缆脱落的装置是否良好。电钻工必须手戴绝缘手套,脚穿绝缘胶鞋,并不得用手导引回转钢钎,不得用电钻处理被夹住的钎子。

(8)在工作面内不得拆卸、修理风、电钻。

(9)严禁在残眼中继续钻眼。

(10)钻孔台车进洞时要有专人指挥,认真检查道路状况和安全界限,其行走速度不得超过 25 m/min。台车在行走或待避时,应将钻架和机具都收拢到放置位置,就位后不得倾斜,并应刹住车轮,放下支柱,防止移动。

怎样才能保障隧道工程爆破施工的安全？

(1)装药与钻孔不宜平行作业。

(2)爆破器材加工房应设在洞口 50 m 以外的安全地点。严禁在加工房以外的地点改制和加工爆破器材。长隧道施工必须在洞内加工爆破器材时，其加工硐室的设置应符合国家现行的《爆破安全规程》(GB 6722—2003)的有关规定。

(3)爆破作业和爆破器材加工人员严禁穿着化纤衣物。

(4)进行爆破时，所有人员应撤离现场，其安全距离如下述。

1)独头巷道不少于 200 m。

2)相邻的上下坑道内不少于 100 m。

3)相邻的平行坑道，横通道及横洞间不少于 50 m。

4)全断面开挖进行深孔爆破(孔深 3～5 m)时，不少于 500 m。

(5)洞内每天放炮次数应有明确的规定，装药离放炮时间不得过久。

(6)装药前应检查爆破工作面附近的支护是否牢固；炮眼内的泥浆、石粉应吹洗干净；刚打好的炮眼热度过高，不得立即装药。如果遇有照明不足，发现流砂、流泥未经妥善处理，或可能有大量溶洞涌水时，严禁装药爆破。

(7)洞内爆破不得使用黑色火药。

(8)火花起爆时严禁明火点炮，其导火索的长度应保证点完导火索后，人员能撤至安全地点，但不得短于 1.2 m。

一个爆破工一次点燃的根数不宜超过 5 根。如一人点炮超过 5 根或多人点炮时，应先点燃计时导火索，计时导火索的长度不得超过该次被点导火索中最短导火索长度的 1/3。当计时导火索燃烧完毕，无论导火索点完与否，所有爆破工必须撤离工作面。

(9)为防止点炮时发生照明中断，爆破工应随身携带手电筒。严禁用明火照明。

(10)采用电雷管爆破时，必须按国家现行的《爆破安全规程》(GB 6722—2003) 的有关规定进行，并应加强洞内电源的管理，防止漏电引爆。装药时可用投光灯、矿灯照明。起爆主导线宜悬空架设，距各种导电体的间距必须大于 1 m。

(11)爆破后必须经过 15 min 通风排烟后，检查人员方可进入工作面，检查有无“盲炮”及可疑现象；有无残余炸药或雷管；顶板两帮有无松动石块；支护有无损坏与变形。在妥善处理并确认无误后，其他工作人员才可进入工作面。

(12)当发现“盲炮”时，必须由原爆破人员按规定处理。

(13)装炮时应使用木质炮棍装药，严禁火种。无关人员与机具等均应撤至安全地点。

(14)两工作面接近贯通时，两端应加强联系与统一指挥。岩石隧道两工作面距离接近 15 m(软岩为 20 m)，一端装药放炮时，另一端人员应撤离到安全地点。导坑已打通的隧道，两端施工单位应协调放炮时间。放炮前要加强联系和警戒，严防对方人员误入危险区。

土质或岩石破碎隧道接近贯通时，应根据岩性适当加大预留贯通的安全距离，此时只准一端掘进，另一端的人员和机具应撤离至安全地点。贯通后的导坑应设专人看管，严禁非施工作业人员通行。

怎样才能保障装渣施工的安全?

(1)人工装渣时，应将车辆停稳并制动。漏斗装渣时，应有联络信号，装满时应发出停漏信号，并及时盖好漏渣口。接渣时，漏斗口下不得有人通过。

(2)人工卸渣，应将车辆停稳制动，严禁站在斗车内扒渣。

(3)机械装渣时，坑道断面应能满足装载机械的安全运转，装渣机上的电缆或高压胶管应有专人收放，装渣机操作时其回转范围内不得有人通过。

怎样才能保障洞内运输施工安全？

(1)各类进洞车辆必须处于完好状态，制动有效，严禁人料混载。

(2)进洞的各类机械与车辆，宜选用带净化装置的柴油机动力，燃烧汽油的车辆和机械不得进洞(如通风良好，可以达到“通风及防尘”要求者除外)。

(3)所有运载车辆均不准超载、超宽、超高运输。运装大体积或超长料具时，应有专人指挥、专车运输，并设置显示界限的红灯。

(4)进出隧道的人员应走人行道，不得与机械或车辆抢道，严禁扒车、追车或强行搭车。

怎样才能保障洞内运输施工中有轨运输的安全？

(1)洞内平曲线半径不应小于车轴距的 7 倍；洞外不应小于 10 倍。

(2)双线运输时，其车辆错车净距应大于 0.4 m，车辆距坑壁或支撑边缘的净距不应小于 0.2 m。

(3)单线运输时，在一侧应设宽度不小于 0.7 m 的人行道，并在适当地点设错车道，其长度应能满足最长列车运行的要求。

(4)洞内轨道坡度宜与隧道纵坡一致，卸渣地段应设不小于 1% 的上坡道。

(5)在线路尽头应设置挡车装置和标志，以及足够宽的卸车平台。

(6)运输线路应有专人维修、养护、线路两侧的废渣和余料应随时清理。

怎样才能保障洞内运输施工中无轨运输的安全？

(1)洞内运输的车速不得超过：人力车 5 km/h；机动车在施工作业地段单车 10 km/h，有牵引车及会车时 5 km/h；机动车在非作业地段单车 20 km/h，有牵引车时 15 km/h，会车时 10 km/h。

(2)车辆行驶中严禁超车。

(3)在洞口、平交道口及施工狭窄地段应设置“缓行”标志，必要时应设专人指挥交通。

(4)凡停放在接近车辆运行界限处的施工设备与机械，应在其外缘设置低压红色闪光灯，组成显示界限，以防运输车辆碰撞。

(5)在洞内倒车与转向时，必须开灯鸣号或有专人指挥。

(6)洞外卸渣场地段应保持一段的上坡段，并在堆渣边缘内 0.8 m处设置挡木。

(7)路面应有一定的平整度，并设专人养护。

(8)洞内车辆相遇或有行人通行时，应关闭大灯光，改用近光或小灯光。

怎样才能保障洞内运输施工中爆破器材运输的安全？

(1)在隧道工程外部运输爆破器材时，应遵守《中华人民共和国民用爆炸物品管理条例》。

(2)在任何情况下，雷管与炸药必须放置在带盖的容器内分别运送。人力运送时雷管与炸药不得由一人同时运送；汽车运输时，雷管与炸药必须分别装在两辆车内运送，其间距应相隔 50 m 以上；有轨机动车运输时，雷管与炸药不宜在同一列车上运送，如必须用同一列车运送时，装雷管与炸药的车辆必须用三个空车厢隔开。

(3)人力运送爆破器材时必须有专人护送，并应直接送到工地，不得在中途停留;一人一次运送的炸药数量不得超过 20 kg 或原包装一箱。

(4)汽车运送爆破器材时,汽车排气口应加装防火罩,运行中应显示红灯。器材必须由爆破工专人护送,其他人员严禁搭乘。爆破器材的装载高度不得超过车厢边缘,雷管或硝化甘油类炸药的装载不得超过两层。

(5)有轨机动车运送爆破器材时其行驶速度不得超过 2 m/s,护送人员与装卸人员只准在尾车内乘坐,其他人员严禁乘车。硝化甘油类炸药或雷管必须放在专用带盖的木质车厢内,车内应铺有胶皮或麻袋并只准堆放一层。

(6)在竖井内运送爆破器材时,应遵守下列规定。

1)必须事先通知卷扬机司机和井口上下联络人员。

2)除爆破工和护送人员外,其他人员不得同罐乘坐。

3)运送硝化甘油类炸药或雷管时,只准堆放一层,且不得滑动。运送其他炸药时,装载高度不得超过罐笼高度的 2/3,并不高于1.2 m。

4)用罐笼运送硝化甘油类炸药或雷管时,其升降速度不得超过 2 m/s,运送其他炸药不得超过 4 m/s,用吊桶运送爆破器材时,其速度不得超过 1 m/s。

5)司机在操纵卷扬机时,不得使罐笼或吊桶发生振动。

6)运送电雷管时应装入绝缘箱内,切断洞内所有电源,并检查钢丝绳是否带电。

7)严禁爆破器材在井口房、井底车场或巷道内停放。

8)在上下班或人员集中的时间内,严禁运输爆破器材。

(7)严禁用翻斗车、自卸汽车、拖车、拖拉机、机动三轮车、人力三轮车、自行车、摩托车和皮带运输机运送爆破器材。

怎样才能保障支护施工的安全?

(1)隧道各部(包括竖井、斜井、横洞及平行导洞)开挖后,除围岩完整坚硬,以及设计文件中规定的不需支护者外,都必须根据围岩情况、施工方法采取有效的支护。

(2)施工期间，现场施工负责人应会同有关人员对支护各部定期进行检查。在不良地质地段每班应设专人随时检查，当发现支护变形或损坏时，应立即整修和加固；当变形或损坏情况严重时，应先将施工人员撤离现场，再行加固。

(3)洞口地段和洞内水平坑道与辅助坑道(横洞、平行导坑等)的连接处，应加强支护或及早进行永久衬砌。洞口地段的支撑宜向洞外多架 5～8 m 明厢，并在其顶部压土以稳定支撑，待洞口建筑全部完工后方可拆除。

(4)洞内支护，宜随挖随支护，支护至开挖面的距离一般不得超过 4 m；如遇石质破碎、风化严重和土质隧道时，应尽量缩小支护工作面。当短期停工时，应将支撑直抵工作面。

(5)不得将支撑立柱置于废渣或活动的石头上。软弱围岩地段的立柱应加设垫板或垫梁，并加木楔塞紧。

(6)漏斗孔开挖时应加强支护，并加设盖板；供人上下的孔道应设置牢固的扶梯。

(7)采用木支撑时应选用松、柏、杉等坚硬且富有弹性的木材，其梁、柱的梢径不得小于 20 cm，跨度大于 4m 时不得小于 25 cm；其他连接杆件梢径不得小于 15 cm，木板厚度不得小于 5 cm。木支撑宜采用简单，直立，易于拆、立的框架结构，并应保证坑道的运输净空。

(8)钢支架安装，宜选用小型机具进行吊装，并应遵守“起重吊装”的规定。

(9)喷锚支护时，危石应清除，脚手架应牢固可靠，喷射手应佩戴防护用品；机械各部应完好正常，压力应保持在 0.2 MPa 左右；注浆管喷嘴严禁对人放置。

(10)当发现已喷锚区段的围岩有较大变形或锚杆失效时，应立即在该区段增设加强锚杆，其长度应不小于原锚杆长度的 1.5 倍。如喷锚后发现围岩突变或围岩变形量超过设计允许值时，宜用钢支架支护。

(11)当发现测量数据有不正常变化或突变、洞内或地表位移值大于允许位移值、洞内或地面出现裂缝以及喷层出现异常裂缝时，均应视为危险信号，必须立即通知作业人员撤离现场，待制订处理措施后才能继续施工。

怎样才能保障衬砌施工的安全？

(1)随着隧道各部开挖工作的推进，应及时进行衬砌或压浆，特别是洞门建筑的衬砌必须尽早施工，地质不良地段的洞口必须首先完成。

(2)衬砌使用的脚手架、工作平台、跳板、梯子等应安装牢固，不得有露头的钉子和突出的尖角。靠近通道的一侧应有足够的净空，以保证车辆、行人的安全通过。

(3)脚手架及工作平台上的铺板，应钉铺结实。木板之端头，必须搭于支点上。高于2 m的工作平台上应设置不低于1 m的栏杆。跳板应设防滑条。

(4)脚手架及工作平台上所站人数及堆置的建筑材料，不得超过其计算载重量。

(5)在洞内作业地段倾卸衬砌材料时，人员和车辆不得穿行。

(6)机械转动部分应设置防护罩，电动机必须有接地装置，移动或修理机器及管线路时，应先停电，并切断电源、风源。

(7)安装、拆除模板、拱架时，工作地段应有专人监护。拆下的模板不得堆放在通道上。

(8)拆除灌注混凝土模板内支撑时，应随拆随灌。

当岩层破碎、压力过大地段的支撑不能拆出时，拱圈部分应用预制混凝土柱代替木杆予以拆换。

(9)衬砌用的石料及砌块，应采用车辆运送，装卸车或安装砌块时宜使用小型机械提升。当砌筑高度在1.5 m以下时，允许使用跳板抬运，但跳板应架到与隧道平行的位置。

(10)用石料砌筑边墙时，应间歇进行。当砌筑高度至2～3 m时，应停止4 h后方能继续砌筑。若墙后超挖过大，回填层应逐层用干(浆)砌料填塞，以免坍塌。

(11)压浆机在使用前应进行检查并试运转，管路连接要完好，压力要正常，操纵压浆喷嘴人员应佩戴护目眼镜及胶皮手套。喷浆嘴应用支架支撑牢固，压浆时掌握喷嘴的人员必须注意喷嘴的脱落，并设法躲避；拔取时必须在撤除压力后进行；检修和清洗时，应在停止运转、切断电路、关闭风门后，方准进行。

(12)采用模板台车进行全断面衬砌时，台车距开挖面的距离不得小于 260 m，台车下的净空应能保证运输车辆的顺利通行。混凝土灌注时，必须两侧对称进行。台车上不得堆放料具，工作台应满铺底板，并设安全栏杆。拆除混凝土输送软管时，必须停止混凝土泵的运转。

(13)严禁在洞内熬制沥青。

怎样才能保障竖井提升的安全？

(1)竖井井口应设防雨设施，接罐地点应设置牢固的活动栅门，由专人掌管启闭。接罐人员均应佩带安全带，上下井的人员应服从接罐人员的指挥，通向井口的轨道应设阻车器。

(2)施工期间采用吊桶升降人员与物料时，应遵守下列规定。

1)吊桶必须沿钢丝绳轨道升降，保证吊桶不碰撞岩壁。在施工初期尚未设罐道时，吊桶升降距离不得超过 40 m；施工时吊盘下面不装罐道的部分也不得超过 40 m。

2)运送人员的速度不得超过 5 m/s，无稳绳地段不得超过1 m/s；运送石渣及其他材料时不得超过 8 m/s；无稳绳地段不得超过2 m/s；运送爆破器材时不得超过 1 m/s。

3)提升钢丝绳应与吊桶连接牢固，保证在升降时不致脱钩。

4)吊桶上方必须设置保护伞。

5)不得在吊桶边缘上坐立，乘坐人员身体的任何部位不得超出桶沿。

6)用自动翻转式吊桶升降人员时，必须有防止吊桶翻转的安全装置。严禁用底开式吊桶升降人员。

7)吊桶提升到地面时，人员必须从地面出车平台进出吊桶，并应在吊桶停稳和井盖门关闭以后进出吊桶，双吊桶提升时井盖门不得同时打开。

8)装有物料的吊桶不得乘人。

9)吊桶载重量应有规定,不得超载。

(3)升降人员和物料的罐笼应遵守下列规定。

1)罐顶应设置可以打开的铁盖或铁门。

2)罐底必须满铺钢板,并不得有孔。如果罐底下面有阻车器的连杆装置时,必须设牢固的检查门。

3)两侧用钢板挡严,内装扶手,靠近罐道部分不得装带孔钢板。

4)进出口两头必须装设罐门或耀门帘,高度不得小于 1.2 m,罐门或罐帘下部距罐底距离不得超过 0.25 m,罐帘横杆的间距不得大于 0.2 m。罐门不得向外开。

5)进出装渣车的罐笼内必须装有阻车器。

6)载人的罐笼净空高度不得小于 1～8 m,罐笼内每人应有 0.18 m^2 的有效面积。罐笼的一次容纳人数和最大载重量应明确规定,并在井口公布。昏提渣、升降人员和下放物料的速度不得超过 3 m/s,加速度不得超过 0.25 m/s^2 。

7)罐笼、钢丝绳、卷扬机各部及其连接处,必须设专人检查,如发现钢丝绳有损、罐道和罐耳间磨损度超过规定等,必须立即更换。

8)升降人员或物料的单绳提升罐笼必须设置可靠的防坠器,建井期间使用无防坠器的临时罐笼升降人员时必须要有安全措施。

9)罐笼升降作业时,下面不得停留人员。

(4)检修井筒或处理事故的人员,如果需要站在罐笼或箕斗顶上工作时,应遵守下列规定。

1)罐笼或箕斗顶上,必须装设保护伞和栏杆。

2)佩带保险带。

3)提升容器的速度一般为 0.3～0.5 m/s,最大不得超过2 m/s。

(5)每一提升装置必须装有从井底接罐员给井口接罐员和井口接罐员发给卷扬机司机的信号装置,井口信号装置必须同卷扬机的控制回路闭锁。只有井口接罐员发出信号后,卷扬机才能启动,除常用的信号装置外,还必须有备用信号装置。井底车场和井口之间、井口和卷扬机司机之间,除上述信号装置外,还必须装设直通电话或传话筒。

一套提升装置供给几个洞室使用时，各洞室都必须设有信号装置和闭锁，所发出的信号必须有区别。

(6)井底车场的信号必须经由井口接罐员发出，井底车场不得直接向卷扬机司机发信号；只有在发送紧急停车信号时才可直接向卷扬机司机发出信号。

怎样才能保障斜井运输的安全？

(1)斜井的牵引运输速度不得超过 3.5 m/s；接近洞口与井底时不得超过 2 m/s；升降加速度不得超过 0.5 m/s^2。

(2)斜井的垂直深度超过 50 m 时，应配备运送人员的车辆，使用时应遵守下列规定。

1)运送人员的车辆必须有顶盖，车辆上必须装有可靠的防坠器。当断绳时能自动发生作用，同时也能用手操纵。

2)运送人员的列车必须设车长跟随，车长坐在行车前方的第一辆车的第一排座位上。手动防溜装置也必须在车长坐席处。

3)每班运送人员前，必须检查车辆的连接装置、保险链及防坠器。运送人员前，先放一次空车，检查斜井和轨道的安全状况。

4)乘人车辆不得超过定员，乘员及携带的工具不得超出车厢。

(3)斜井口必须设置挡车器，并设专人管理。挡车器必须经常处于关闭状态，放车时方可打开。车辆在井内行驶或停留期间，井内严禁人员通行和作业。斜井长度超过 100 m 时，应在井口下 20 m和接近井底 60 m 左右设置第二道挡车器。

(4)井口、井下及卷扬机间应有联系信号。提升、下放与停留应各有明确的色灯和音响等信号规定。

主、副井口应设专职信号员，负责接发车工作。卷扬机司机未得到井口信号员发出的信号，不得开动。

运送人员的车辆中必须装有向卷扬机司机发送紧急信号的装置。

(5)斜井井底停车场应设避车洞。斜井底附近的固定机械电器设备与操作人员，均应设置在专用洞室内。

(6)车辆连挂提升时，应有可靠的连接装置和断绳保险器。挂钩均应加保险栓。车与车之间应增加连接保险钢丝绳，提升钢丝绳应有地滚承托。

怎样才能保障钢丝绳和提升装置的安全？

(1)提升用的钢丝绳必须每天检查一次，每隔6个月试验一次。其安全系数规定为：升降人员的安全系数必须大于7，升降物料的安全系数必须大于6；其断丝的面积与钢丝绳总面积之比，升降物料的必须小于10%；升降人员用的不得有断丝。钢丝绳直径减小百分数：提升及制动钢丝绳不得大于10%，其他钢丝绳不得大于15%。超过上述规定时必须更换。

(2)钢丝绳的钢丝有变黑、锈皮、点蚀麻坑等损伤时，不得用作升降人员。钢丝绳锈蚀严重，点蚀麻坑形成沟纹，外层钢丝松动时，必须更换。

(3)有接头的钢丝绳只允许在水平坑道和30°以下的斜井中运输物料使用。

(4)提升装置必须设下列保险装置。

1)防止过卷装置。当提升容器超过正常终端停止位置0.5 m时，必须能自动断电，并使保险闸发生作用。

2)防止过速装置，当提升速度超过最大速度15%时，必须能自动断电，并能使保险闸发生作用。

3)过负荷和欠电压保护装置。

4)当最大提升速度超过3 m/s，必须安装速度限制器，保证提升容器到达终端停止位置前的速度不超过2 m/s；如果速度限制器为凸轮板时，其旋转角不应小于270°。

5)防止闸瓦过度磨损时的报警和自动断电的保护装置。

6)缠绕式提升装置，必须设松绳保护并接入安全回路。

7)使用箕斗提升时，必须采用定量控制，井口渣台应装设满仓信号，渣仓装满时能报警或自动断电。

(5)提升卷扬机必须装设深度指示器、开始减速时能自动示警的警铃及司机不需离座即能操纵的常用闸和保险闸。常用闸和保险闸共同使用一套闸瓦时，操纵部分必须分开；双滚筒提升卷扬机的两套闸瓦的传动装置必须分开。司机不准离开工作岗位，也不能擅自调节制动闸。

(6)升降人员前，应先开一次空车，以检查卷扬机的动作情况，但连续运转时，可不受此限。

(7)主要提升装置必须配有正、副司机，在交接班人员上下井的时间内，必须由正司机开车，副司机在旁监护。

怎样才能保障隧道工程通风及防尘的安全？

(1)隧道作业环境标准应符合表 3－1 的要求。

表 3－1　隧道作业环境标准

项　目	环境标准	备　注
粉　尘	每立方米空气中，含有 10%以上游离二氧化硅的粉尘	必须在 2 mg 以下
氧　气	不得低于 20%	按体积计算
瓦斯(沼气)或二氧化碳	不得超过 0.5%	
一氧化碳	不得超过 30 mg/m³	
氮氧化物	换算成二氧化氮，浓度应在 5 mg/m³ 以下	
二氧化硫	不得超过 15 mg/m³	
硫化氢	不得超过 10 mg/m³	
氨	不得超过 30 mg/m³	
隧道内气温	不宜超过 28℃	

(2)隧道内空气成分每月应至少取样分析一次，风速、含尘量每月至少检测一次。

(3)隧道施工时的通风,应设专人管理。应保证每人每分钟供给新鲜空气1.5～3 m^3。

(4)无论通风机运转与否,严禁人员在风管的进出口附近停留,通风机停止运转时任何人员不得靠近通风软管行走和在软管旁停留,不得将任何物品放在通风管或管口上。

(5)施工时宜采用湿式凿岩机钻孔,用水炮泥进行水封爆破以及湿喷混凝土喷射等有利于减少粉尘浓度的施工工艺。

(6)在凿岩和装渣工作面上应做好下列防尘工作。

1)放炮前后应进行喷雾与洒水。

2)出渣前应用水淋透渣堆和喷湿岩壁。

3)在吹入式的出风口,宜放置喷雾器。

(7)防尘用水的固体质含量不应超过50 mg/L,大肠杆菌不得超过3个/L。水池应保持清洁,并有沉淀或过滤设施。

怎样才能保障隧道工程照明的安全?

(1)隧道内的照明灯光应保证亮度充足、均匀及不闪烁,应根据开挖断面的大小、施工工作面的位置选用不同的高度。

(2)隧道内用电线路,均应使用防潮绝缘导线,并按规定的高度用瓷瓶悬挂牢固。不得将电线挂在铁钉和其他铁件上,或捆扎在一起。开关外应加木箱盖,采用封闭式保险盒。如使用电缆亦应牢固地悬挂在高处,不得放在地上。

(3)隧道内各部的照明电压如下述。

1)开挖、支撑及衬砌作业地段为12～36 V。

2)成洞地段为110～220 V。

3)手提作业灯为12～36 V。

(4)隧道内的用电线路和照明设备必须设专人负责检修管理,检修电路与照明设备时应切断电源。

(5)在潮湿及漏水隧道中的电灯应使用防水灯口。

怎样才能保障隧道工程排水的安全?

(1)在有地下水排出的隧道,必须挖凿排水沟,当下坡开挖时应根据涌水量的大小,设置大于20%涌水量的抽水机具予以排出。抽水机械的安装地点应在导坑的一侧或另开偏洞安装,并用栅栏与隧道隔离。

(2)抽水设备宜采用电力机械,不得在隧道内使用内燃抽水机。抽水机械应有一定的备用台数。

(3)隧道开挖中如预计要穿过涌水地层,宜采用超前钻孔探水,查清含水层厚度、岩性、水量、水压等,为防治涌水提供依据。

(4)如发现工作面有大量涌水时,应即令工人停止工作,撤至安全地点。

怎样才能保障隧道工程防火的安全?

(1)各洞、井口施工区,洞内机电硐室、料库、皮带运输机等处均应设置有效而数量足够的消防器材,并设明显的标志,定期检查、补充和更换,不得挪作他用。

(2)洞口20 m范围内的杂草必须清除。火源应距洞口至少30 m以外。库房20 m范围内严禁烟火。洞内严禁明火作业与取暖。

(3)洞内及各硐室不得存放汽油、煤油、变压器油和其他易燃物品。清洗风动工具应在专用硐室内,并设置外开的防火门。

怎样才能保障隧道工程瓦斯浓度的安全?

(1)隧道施工发现瓦斯时,应加强通风,采取防范措施,当隧道内的瓦斯浓度经通风后仍超过表的规定时,应遵守相关规定。

(2)瓦斯防治主要是消除瓦斯超限和积存,断绝一切可能引燃瓦斯爆炸的火源。

(3)隧道内严禁使用油灯、电石灯、汽灯等有火焰的灯火照明。任何人员进入隧道必须接受检查，严禁将火柴、打火机及其他可自燃的物品带入洞内。

(4)电灯照明。

1)电压不得超过 110 V。

2)输电线路必须使用密闭电缆。

3)灯头、开关、灯泡等照明器材必须采用防爆型，开关必须设置在送风道或洞口。

(5)矿灯照明。

1)每个洞口常备的完好矿灯总数，应大于经常用灯总人数的 10%。

2)矿灯均需编号，常用矿灯的人员应固定灯号。

3)矿灯如有电池漏液、亮度不足、电线破损、灯锁不良、灯头密封不严、灯头圈松动、玻璃和胶壳破裂等情况，严禁发出。发出的矿灯，最低限度应能连续正常使用 11 h。

4)使用矿灯人员应严禁拆开敲打和撞击矿灯。出洞或下班时，应立即将矿灯交回灯房。

(6)掘进工作面风流中的瓦斯浓度达到 1%时，必须停止电钻打眼；达到 1.5%时，必须停止工作、撤出人员、切断电源，进行处理。

放炮地点附近 20 m 以内风流中瓦斯浓度达到 1%时，严禁装药放炮。

电动机附近 20 m 以内风流中的瓦斯浓度达到 1.5%时，必须切断电源停止运行。

掘进工作面的局部瓦斯积聚浓度达到 2%时，其附近 20 m 内必须停止工作，切断电源。

(7)因超过瓦斯浓度规定而切断电源的电气设备，必须在瓦斯浓度降低到 1%以下时方可开动；使用瓦斯自动检测报警断电装置的掘进工作面只准人工复电。

(8)隧道爆破作业。

1)严禁用火花起爆和裸露爆破。

2)爆破时,宜使用瞬发电雷管,若采用毫秒雷管时,其总的延期时间不得超过 130 ms。严禁使用秒和半秒延期电雷管。

3)使用煤矿安全炸药。

4)短隧道放炮时,所有人员必须撤出隧道洞外;长隧道单线应撤出 300 m 以外,双车道上半断面开挖撤至 400 m 以外,双车道全断面开挖应撤至 500 m 以外。

(9)瓦斯隧道中的机具,如电瓶车、通风机、电话机、放炮器等,必须采用防爆型。

(10)必须严格采用湿式凿岩,洞内使用的金属锤头必须镶有不产生火花的合金。装渣使用的金属器械,不得猛力与石渣碰击,铲装前必须将石渣浇湿。

(11)洞内装设及检修各种电气设备时,必须先切断电源。电缆互接或分路时必须在洞外进行锡焊和绝缘包扎并热补。严禁在洞内电缆上临时接装电灯或其他设备。电缆在洞内接头时,应在特制的防爆接线盒内或有防爆接线盒的电气设备内进行连接。

(12)有瓦斯的隧道,每个洞口必须设专职瓦斯检查员。一般情况下每小时检测一次,并将结果记入记录簿。检测瓦斯的检定器应每季度校对一次。

(13)通风必须采用吹入式。通风主机应有一台备用机,并应有两路电源供电。通风机停止时,洞内全体人员必须撤至洞外。

(14)隧道内严禁一切可以导致高温与发生火花的作业。

(15)隧道施工时必须配备必要的急救和抢救的设备和人员。施工人员必须具有防止瓦斯爆炸方面的安全知识。

第四章 公路养护施工安全

怎样才能保障养护安全设施正常使用？

(1)养护安全设施的设置是为了保护养护维修作业人员和设备安全，警告、提醒和引导车辆和行人通过养护维修作业控制区域加强安全防范意识。属于临时性安全设施，交通标志与标线应组合使用。

(2)在养护维修作业中，可用作渠化交通的安全设施有锥形交通路标、安全带、路栏、施工隔离墩和防撞桶(墙)等。

1)锥形交通路标宜由橡胶等柔性材料制成，底部应有一定的摩阻性能。形状为圆锥形，其颜色、尺寸和形状应符合《道路交通标志和标线》(GB 5768－2009)规定。布设间距宜为 10～20 m。用于夜间作业时应有反光功能，并配施工警告灯号。

2)安全带宜由布质等柔性材料制成，宽度为 10～20 cm，带上有红白相间色，用于夜间作业应有反光功能。宜与其他设施一起组合使用。

3)路栏应由刚性材料制成，用于夜间作业时应有反光功能，其颜色、尺寸和形状应符合《道路交通标志和标线》(GB 5768－2009)规定。

4)施工隔离墩宜为由线性低密度聚乙烯等高强合成材料制成的空心半钢性装置，其上有黄色、黑色和反光器，使用时内部应放置水袋或灌水，并由连杆相连。

5)防撞桶(墙)应为半刚性装置，由线性低密度聚乙烯等高强合成材料制成的空心装置，其上有黄黑相间色，顶部可安装黄色施工警告灯号。使用时内部应放置水袋或灌水，防撞墙还应两个为一组，组合在一起使用。

(3)移动式标志车根据《道路交通标志和标线》(GB 5768－2009)规定的移动性施工标志,仅对标志牌作了规定,但对标志车没有作任何规定。根据养护维修作业的实际情况,对于悬挂标志牌的车辆的颜色也应当做出规定,同时标志牌的形式也不仅限于一种。根据公路养护维修作业的要求与特点,规定标志车的颜色必须是醒目的黄色,这样具有警示作用。而且,增加了可变信息标志牌,即其图案和显示形式可按实际需要改变。可变信息标志牌显示方式可以采用高亮度发光二极管、灯泡矩阵、磁翻板、字幕式或光纤式等来改变显示图案。这种显示方式不仅比普通的交通标志更醒目,而且可以在不同的养护维修作业情况下改变显示内容,具有较强的适应性。所以移动式标志车可以为作业内容和地点经常变化的养护维修作业提供更为方便的安全防护。

(4)近年来,施工警告灯号也已经出现了多种形式,特别是在高速公路上,除了《道路交通标志和标线》(GB 5768－2009)规定的以外,还可以采用施工警告频闪灯。使用这样形式的施工警告频闪灯时,可以将它固定在公路路侧的竖杆上,车辆驾驶员在较远的距离就可以清楚地看到它,而且,为了较好地起到警示作用,还可以将它们沿路连续设置,达到更好的警示效果。

(5)夜间养护维修作业时,必须设置照明灯,其照明必须满足作业要求,并覆盖整个工作区域。夜间作业的作业控制区布置必须设置施工警告灯号,所设置的交通标志必须具有反光功能。养护维修作业期间和结束以后应派专人看护照明设施。

(6)根据养护维修作业的情况,为养护维修作业设置的交通标志,主要有警告标志、禁令标志、指示标志和施工区标志。交通标志的设置除应符合《道路交通标志和标线》(GB 5768－2009)规定外,在养护维修作业时,还应根据具体情况设置于专门的位置,并尽可能利用公路可变信息板,配以图案或文字说明。在弯道、纵坡处进行养护维修作业时,应根据实际情况增设交通标志。

当工作区在道路右侧时,交通标志宜设在车道右侧或工作区上游车道上,当工作区在道路靠中央分隔带一侧时,交通标志宜设在中央分隔带护栏外侧或绿化带上。

1)禁止通行标志设在禁止通行的道路入口附近。

2)禁止驶入标志设在禁止驶入的路段入口,或单行路的出口处。

3)禁止超车标志设在禁止超车路段的起点。

4)解除禁止超车标志设在禁止超车路段的终点。

5)限制速度标志设在需要限制车辆速度的路段的起点。

6)解除限制速度标志设在限制车辆速度的路段的终点。

7)限制质量标志设在需要限制车辆质量的桥梁两端。

8)限制轴重标志设在需要限制车辆轴重的桥梁两端。

9)窄路标志设在车行道变窄或车道数减少的路段以前适当位置。

10)双向交通标志设在由双向分离行驶、因某种原因出现临时性、永久不分离双向行驶的路段或由单向行驶进入双向行驶的路段以前适当位置。

11)施工标志通常设置于作业控制区的最前端。

12)车辆慢行标志设置于作业控制区内需要车辆车速减慢的路段。

13)车道封闭标志设在封闭车道上游的适当位置。

14)改道标志设在车流方向发生变化的路段上游适当位置。

15)标志或灯泡矩阵标志设在车流方向发生变化的路段上游适当位置。

16)车道合流标志设在因一条车道被封闭而要求车辆合流到另一车道的路段上游适当位置。

因养护维修作业的需要,还可重新布置车道,使用临时性路面标线。临时性路面标线应使用与原路面标线不同的颜色加以区分,本条规定统一使用黄色路面标线作为临时性路面标线。养护维修作业期间,原先与临时性标线有矛盾的路面标线在不能用其他方式加以区分时,必须除去或覆盖。

怎样才能保障高级公路及一级公路养护作业控制区布置的要求?

(1)养护维修作业控制区布置应考虑养护维修作业的内容与要

求、时间和周期、交通量、经济效益等因素，控制区内交通标志的设置必须合理、前后协调，起到引导车流平稳变化的作用。

(2)工作区应设置工程车辆专门的进口和出口，出入口应设在顺行车方向的下游过渡区内。

(3)对于同一方向上的相同车道内，如果在不同断面要同时进行维修施工，若断面的间距比较近，一般在 1000 m 以内，可以作为同一个作业控制区来布置；若维修施工的断面间距比较远，大于 1000 m，这时应在下一个工作区前端设置施工标志。由于在同一车道上连续布置了作业控制区，所以，除了第一个作业控制区必须按规定的要求布置外，后续的作业控制区可以做适当简化。

(4)如果是在同一方向不同断面的不同车道内进行维修施工，就会给车辆行驶造成困难，特别是维修施工的断面间距比较小时，车辆在通过不同的断面时需要不断改变车道，行驶轨迹变成了“S”形，这很容易发生车祸，所以一般不建议这样做。如果必须要同时维修施工，作业控制区的布设间距要足够大，至少要让车辆有一个平稳过渡的距离，高速公路必须不小于 1000 m，一级公路须不小于 500 m。

(5)单向多车道的中间车道需要养护维修作业，如果单独封闭中间车道，开放两边车道，会给在作业控制区内的作业人员造成心理压力，由于活动范围较小，不安全的隐患较多，所以这不是一种较好的作业控制区布置方案。

(6)应利用作业区上游的可变信息板显示“前方××公里封闭车道施工，请谨慎驾驶”的信息。

怎样才能保障高级公路及一级公路养护作业控制区布置施工的安全？

(1)在作业控制区内必须设置两块施工标志，一块设置在作业控制区的最前端，另一块设置在警告区的中间断面。警告区最小距离 S 按照表 4－1 选取。在警告区内的其他断面处要设置禁止超车标志、限速标志、窄路标志以及线形诱导标。

在上游过渡区内要设置移动式标志车，上游过渡区的距离按照表 4－2 选取。在工作区的前端要设置护栏，护栏上要安装施工警告灯号。从上游过渡区到终止区必须用锥形交通路标按规定的间距围起来。

表 4－1　警告区最小长度 S(m)

位　置	公路等级	设计速度(km/h)	警告区最小长度(m)
路　段	调整公路、一级公路	120,100	1600
		80,60	1000
	二、三级公路	80	1000
		60	800
		40	600
		30	400
各类平面交叉口	—		200

表 4－2　车道封闭上游过渡区的最小长度 L_S

限值车速(km/h)	封闭车道宽度(m)		
	1.5	3.0	3.75
60	70	90	90
40	30	40	40
20	10		

(2)当需要布置改变交通流方向的作业控制区时，可与中央分隔带开口位置相结合，利用非作业控制区一侧的车道。当警告区范围内有入口匝道时，应在匝道右侧路肩外设置施工标志。

(3)在匝道上布置养护维修作业控制区时，无论工作区的位置在匝道的哪个断面上，都应当先在匝道的起始位置处设置施工标志，提前告诉车辆驾驶员前方有养护维修作业控制区。

立交区进出口匝道养护维修作业控制区的布置，应根据工作区在匝道上的具体位置和匝道的长度而定，当匝道长度比表中规定的警告区最小长度短时，作业控制区最前端的交通标志可设置于匝道的起点处。

(4)临时定点养护维修作业是日常养护维修作业的一种。日常养护维修作业是为保持公路的正常使用而进行的经常性保养、维修作业。在同一位置的作业时间在半天以内时，可适当减少交通标志，但应设置施工标志以及锥形交通路标，并应在上游过渡区内设置移动式标志车或配备交通指挥人员。在同一地点作业时间多于半天而当日能够完工的养护维修作业应按临时定点养护维修作业来布置作业控制区。临时定点养护维修作业主要有路面裂缝修理、路面油包或拥包修理、路面坑槽修理、路面接缝修理等。

(5)移动养护维修作业也是日常养护维修作业的一种。移动养护维修作业的特点是其作业的地点是随着维修操作而改变的，这类的作业主要有绿化浇水、路面清扫等。

怎样才能保障二、三级公路养护作业控制区布置的要求？

(1)控制区布置应兼顾养护维修作业的内容与要求、时间和周期、交通量、经济效益等因素，控制区内交通标志的设置应前后协调，起到引导车流平稳变化的作用。

(2)控制区上游因道路线形造成视距不良时，应在控制区上游的适当位置处增设施工标志。

怎样才能保障二、三级公路养护维修作业控制区布置施工的安全？

(1)在设置交通标志牌时，警告区距离应按表4—1所示的相应数据取值。与高速公路及一级公路不同的是，由于在二、三级公路上车速不高，又有平面交叉口，当出现交叉口间距较近的情况时，警告区的长度就很难有一个统一的标准，应根据交叉口间距的实际情况来设置临时性交通标志牌或线形诱导标等;在上游过渡区起点至下游过渡区终点之间应放置锥形交通路标;在缓冲区与工作区交界处应布设路栏;在工作区周围应布设施工隔离墩或安全带。控制区内其他安全设施可以视具体情况而定。

(2)当由于施工作业仅允许单车道通行车辆时,为了保证车辆的通行安全,需要指挥车辆交替通行。指挥交替通行可以采用人工指挥和信号灯指挥。但无论采用何种指挥方式,都需要现场指挥人员配合。

(3)当作业控制区处于弯道的下游时,必须要将警告区最前面的施工标志牌前移至弯道的上游,使车辆驾驶员在到达弯道前就能够知道前方有养护维修作业控制区。

1)当工作区位置处于视距不良的路段时,应在控制区内增加施工标志;当双车道的一个车道封闭作业时,工作区两端均必须配备交通指挥人员。

2)但当单向两车道的其中一外侧车道封闭作业时,工作区下游可不配备交通指挥人员。

(4)当对整个路面进行养护维修作业时,应修筑临时交通便道,以保证车辆通行,控制区的布置应符合以下规定。

1)临时路面标线应使用黄色。

2)控制区内必须设置路栏和施工警告灯号。

3)作业车上必须安装施工警告灯号。

4)所修筑的交通便道应划道路轮廓线并应设置可渠化交通的安全设施。

(5)在路肩上养护维修作业时,其控制区的布置应符合以下规定。

1)必须保证紧靠路肩的车道宽度大于 3 m。

2)作业车上必须安装施工警告灯号。

3)若设置移动式标志车,可不设过渡区。

4)当交通流量较大时,必须封闭紧靠路肩的车道,并按车道封闭要求布置控制区。

(6)养护维修作业周期在半天以内时,控制区布置应符合以下规定。

1)上游过渡区宜设置移动式标志车。

2)作业车上必须安装施工警告灯号。

3)在移动养护作业时,移动式标志车应与作业车保持在 50～100 m 的间距。

怎样才能保障特大桥桥面和隧道养护作业控制区布置的安全?

(1)基本要求。

桥梁作为连接两岸的交通通道,一旦封闭,将会对周围的交通产生不便,而特大桥更是如此,所以不宜进行全封闭交通的养护维修作业。但在开放交通条件下的养护维修作业,由于特大桥的交通流量大、车速快,养护维修作业时的安全防护尤为重要,必须要有作业控制区的交通控制方案。

1)应配备专职人员加强车速限制和车辆限宽的管理。

2)隧道入口前必须设置施工标志、限制速度和限宽标志。

3)隧道控制区必须有足够的照明。

4)特大桥的养护维修,应根据需要设置限载标志。

5)特大桥以外的其他桥梁养护维修作业控制区的布置可参照本规程执行。

(2)特大桥养护维修作业控制区布置。

特大桥通常是整个交通网络中的重要节点,为了不致产生交通拥挤,在进行养护维修作业控制区的布置时,要尽量少封闭车道,至少要保持一条车道的交通畅通。其作业控制区的布置方法与高速公路及一级公路作业控制区的方法是相类似的。当为单向三车道时,封闭部分的宽度最大不宜超过两条车道。

(3)隧道养护维修作业控制区布置。

1)隧道也是交通网络中的重要节点,单洞双向交通的隧道一旦全封闭,整个交通网络将会出现堵塞。因此,此类隧道是不能采用全封闭养护维修作业的。而且,由于隧道内光线较差,无论在洞内哪个断面设置作业控制区,在洞口都必须设置交通标志,还要配备交通指挥人员或设置交通信号灯。

2)隧道双洞单向交通的控制区布置应将警告区和上游过渡区设于洞口外。

3)移动维修作业时,宜设置移动式标志车,并应在隧道两端配备交通指挥人员。

怎样才能保障平面交叉口养护作业控制区布置的安全?

(1)平面交叉口养护维修作业控制区布置应考虑养护维修作业的内容与要求、时间和周期、交通量、经济效益等因素,控制区内交通标志的设置要合理、前后协调,起到引导车流平稳变化的作用。

(2)平面交叉口养护维修作业控制区的上游视距不良时,可在作业控制区上游的适当位置处增设施工标志。

(3)平面交叉口养护维修作业时,对交通的影响非常大。由于养护维修作业的情况变化多端,也导致了在平面交叉口进行作业控制区布置时有各种布置的方式。通常情况下平面交叉口作业控制区的警告区最小长度 S 应按表 4—1 所示的相应数据取值。但在有些交叉口间距小于 S 的情况下,S 可按实际的交叉口间距取值。

对于进口道只有一条车道且该车道被封闭养护维修的作业控制区,则要求该进口道左侧的出口车道要临时作为双向车道,所以,要指派专门的交通指挥人员。当交叉口流量较大时,不宜采用本方法。

对于只有一条出口车道而被封闭的情况,该封闭车道右侧的进口道不作临时双向车道的布置方式,因此,在另外 3 个进口道的上游入口处应考虑设置路线引导标志,使车辆驾驶员提前采取改道措施,避免在养护维修作业的交叉口因车道封闭而发生拥挤。如果交通量较小,封闭车道的右侧进口道也可以布置为临时的双向车道。

对于车道数多于 1 条的情况,当一条车道被封闭时,另一条车道仍然可以通行,一般不会对另一方向的交通产生较明显的影响。当半个路幅被封闭时,需要借用对向车道通行本向车辆,所以会对本向交通和对向交通产生影响。作业控制区布置时要特别注意分离临时的双向交通。

在我国的公路交叉口中，环形交叉口是最常见的形式。在环形交叉口布置养护维修作业控制区时，有进口道、出口道和环道三个不同的位置，除了在进口道上的养护维修作业控制区对其余车道上的交通没有影响外，在出口道和环道上的养护维修作业控制区对其余车道上的交通都有影响。

（4）平面交叉口进口或出口车道因封闭改为双向通行时，应划出黄色车道分隔线。如车道宽度不够，不能双向通行时，应由现场指挥人员指挥车辆单向通行。

怎样才能保障公路养护作业的安全？

（1）凡在公路上进行养护维修作业的人员必须穿着带有反光标志的橘红色工作装（套装），管理人员必须穿着带有反光标志的橘红色背心。

（2）公路路面养护维修作业必须按作业控制区的交通控制标准设置相关的渠化装置和标志，并指派专人负责维持交通。

（3）在高速公路和一级公路上养护维修作业时，应用车辆接送养护维修作业人员。养护维修作业人员不得在控制区外活动或将任何物体置于控制区以外。

（4）在山体滑坡、塌方、泥石流等路段养护维修作业时，应设专人观察险情。

（5）在高路堤路肩、陡边坡等路段养护维修作业时，应采取防滑坠落措施，并注意防备危岩、浮石滚落。

（6）坑槽修补应当天完成，若不能完成须按本规程规定布置养护维修作业控制区。

怎样才能保障冬季除雪作业的安全？

（1）除雪作业时应加强交通管制。

(2)除雪应以机械为主,在机械除雪不能操作的地方可以采取人工除雪。

(3)除雪作业人员和除雪机械作业时除按本章有关规定执行外,还应做好防滑措施。

怎样才能保障雨季安全作业的安全?

(1)现场道路应加强维护,斜道和脚手板应有防滑措施。

(2)暴雨、台风前后,应检查工地临时设施、脚手架、机电设备、临时线路,发现倾斜、变形、下沉、漏电、漏雨等现象,应及时修理加固。

(3)在雨季养护维修作业时,作业现场应及时排除积水,大行道的上下坡应挖步梯或铺砂,脚手板、斜道板、跳板上应采取防滑措施。加强对排架、脚手架和土方工程的检查,防止倾斜和坍塌。

(4)在雨季施工时,处于洪水可能淹没地带的机械设备、材料等应做好防范措施,施工人员要提前做好安全撤离的准备工作。

(5)长时间在雨季中作业的工程,应根据条件搭设防雨棚。作业中遇有暴风雨应停止施工。

怎样才能保障雾天养护作业的安全?

(1)雾天不宜进行养护维修作业。

(2)雾天需要进行抢修时,宜会同有关部门,封闭交通进行作业,所有安全设施上均须设置黄色施工警告灯号。

怎样才能保障山区养护作业的安全?

(1)在视距条件较差或坡度较大的路段进行养护维修作业时,应设专人指挥交通,作业控制区应增加有关设施。

(2)控制区的施工标志应与急弯路标志、反向弯路标志或连续弯路标志等并列设置。

(3)在同一弯道不得同时设置两个或两个以上养护维修作业控制区。

怎样才能保障清扫、绿化养护及道路检测作业的安全?

(1)严禁在能见度差(如夜晚、大雾天)的条件下进行人工清扫。

(2)凡需占用车道进行绿化作业时,必须按作业控制区布置要求设置有关标志。

(3)遇大风、大雨、下雪、雾天等特殊气候时必须停止绿化养护维修作业。

(4)高速公路、一级公路中央分隔带绿化浇水作业时,浇水车辆尾部必须安装发光可变标志牌或按移动养护维修作业控制区布置。

(5)道路检测车在高速公路、一级公路进行道路性能检测时,凡行进速度低于50 km/h时,均应按临时定点或移动养护维修作业控制区布置,或应在检测设备尾部安装发光可变标志牌。

怎样才能保障养护机械的安全?

(1)养护机械应按其技术性能要求正确使用,不得使用缺少安全装置或安全装置已失效的机械作业,不得操作带故障的机械作业。

(2)操作人员必须执行有关工作前的检查制度、工作中的观察制度和工作后的检查保养制度。

(3)养护机械进入施工现场前,应查明行驶路线上的隧道、跨线桥的通行净空,必要时应验算桥梁的承载力,确保机械设备安全通行。

(4)养护机械在作业时,操作人员应熟悉作业环境与施工条件。

(5)养护机械在靠近架空输电线路作业时,必须采取安全保护措施，养护机械工作装置运动轨迹范围与架空导线的安全距离必须符合相关规定。

(6)养护机械应按时进行保养，严禁养护机械带故障运转或超负荷运转。

(7)禁止在养护机械运转中进行保养、修理作业。各种电气设备的检查维修，应停电作业。

参考文献

[1] 黑龙江省公路桥梁建设总公司. JTJ 076—95 公路工程施工安全技术规程 [S]. 北京:人民交通出版社,1995.

[2] 上海市公路管理处. JTG H30—2004 公路养护安全作业规程[S]. 北京:人民交通出版社,2004.

[3] 王炜. 公路工程施工安全生产指南[M]. 北京:人民交通出版社,2003.

[4] 文德云. 公路施工安全技术[M]. 北京:人民交通出版社,2003.